WILLIAMS-SONOMA

COCINAALINSTANTE
asando

RECETAS
Rick Rodgers

EDITOR GENERAL
Chuck Williams

FOTOGRAFÍA
Tucker + Hossler

TRADUCCIÓN
Laura Cordera L
Concepción O. de Jourdain

contenido

30 MINUTOS DE PRINCIPIO A FIN

15 MINUTOS DE PREPARACIÓN

HAGA MÁS PARA ALMACENAR

la razón de este libro

Cuando se preparan a la parrilla la carne de res y puerco, pollo, pescados y mariscos, verduras de todo tipo e incluso la fruta quedan suculentos y llenos de sabor. Asar es la técnica ideal para los cocineros ocupados, principalmente si tiene una parrilla de gas. Esta técnica es fácil de dominar y le permite servir alimentos sustanciosos con el mínimo esfuerzo. Muchas de las recetas de este libro pueden llevarse directamente desde la cocina a la mesa en menos de media hora. Otras sólo requieren 15 minutos para su preparación. Incluso hay otras que rinden una porción suficiente para servir en alguna ocasión y crear más alimentos adicionales para otro día de la semana.

Encontrará recetas clásicas como el salmón ahumado, las chuletas a la parrilla y el pollo entero; así como recetas que presentan sabores internacionales desde las Chuletas de Cordero estilo Tandoori y el Pollo con Hierbas Toscanas hasta las Quesadillas de Verduras y las Hamburguesas Italianas con Pimientos y Cebollas. Acompañe cualquiera de estos platillos principales con una sencilla guarnición y usted y su familia podrán disfrutar de una comida hecha en casa cualquier día de la semana.

30 minutos
de principio a fin

filete de falda a las hierbas con jitomates

Filete de falda, 1, aproximadamente 750 g (1 ½ lb)

Jitomates, 2 grandes o 4 medianos, partidos transversalmente a la mitad y sin semillas

Aceite de oliva, 2 cucharadas, más el necesario para barnizar

Sal y pimienta recién molida

Herbes de Provence, 1 cucharada

Queso de cabra fresco, ½ taza (60 g/2 oz), desmoronado

Vinagre de vino tinto, 2 cucharaditas

Hortalizas mixtas para ensalada, 2 tazas (60 g/2 oz)

4 PORCIONES

1 Sazone el filete y los jitomates

Prepare un asador de gas o carbón para asar directamente sobre fuego alto (vea la página 97 para más detalles). Si usa un asador de gas, encienda un quemador a fuego bajo y los demás quemadores a fuego alto. Si usa un asador de carbón, extienda los carbones dando cierta inclinación. Barnice el filete de falda y los jitomates por todos lados con aceite. Sazone el filete con sal y pimienta y espolvoree con las hierbas por ambos lados. Sazone los jitomates con sal y pimienta.

2 Ase la carne y los jitomates

Engrase ligeramente con aceite la parilla del asador. Coloque los jitomates, con el lado cortado hacia arriba, sobre la zona menos caliente del asador. Coloque el filete sobre la parte más caliente y tape. Ase el filete durante 8 ó 10 minutos en total para término medio-rojo, volteando una sola vez. Durante los 2 últimos minutos espolvoree una parte proporcional del queso de cabra en cada mitad de jitomate. Pase el filete a un platón. Deje los jitomates sobre el asador destapado para mantener calientes. Deje el filete reposar durante 3 ó 5 minutos y después rebane finamente contra el grano.

3 Prepare la ensalada

Mientras tanto, en un tazón bata el vinagre con una pizca de sal y una de pimienta. Integre lentamente las 2 cucharadas de aceite, batiendo. Agregue las hortalizas mixtas y mezcle hasta cubrir uniformemente. Pase los jitomates al platón con el filete y sirva acompañando con las hortalizas mixtas.

sugerencia del chef

Puede sustituir el queso de cabra
por queso azul desmoronado como
el gorgonzola; u omitir el queso y
untar las caras rebanadas de cada
mitad de jitomate con una
cucharada de pesto de albahaca o
tapenade de aceituna antes de
asarlos.

sugerencia del chef

El *olio santo* (aceite santo) es un condimento sabroso para los filetes. Para hacerlo mezcle en una olla pequeña sobre fuego bajo ⅓ taza (80 ml/3 fl oz) de aceite de oliva; 2 dientes de ajo, machacados; 2 ramas de romero fresco y ½ cucharadita de hojuelas de chile rojo. Caliente suavemente durante 5 minutos. Pase a un tazón pequeño y deje enfriar. Usando una cuchara coloque sobre los filetes una vez en la mesa.

t-bone estilo florentino con espinacas

1 Cocine la espinaca

Prepare un asador de gas o carbón para asar directamente sobre fuego alto (vea la página 97 para más detalles). En una olla sobre fuego medio caliente el aceite. Agregue la pancetta y cocine cerca de 5 minutos sobre fuego medio, moviendo de vez en cuando, hasta dorar ligeramente. Agregue el ajo y cocine cerca de 30 segundos, hasta que aromatice. Integre la espinaca, un manojo a la vez, y cocine cerca de 5 minutos, hasta que se marchite. Sazone con sal y pimienta. Tape la sartén para mantener caliente.

2 Ase los filetes

Sazone los filetes con sal y pimienta. Engrase ligeramente el asador con aceite. Ase los filetes durante 6 u 8 minutos en total, volteando una sola vez para término medio-rojo. Pase los filetes a platos precalentados y la espinaca a un tazón de servicio y sirva.

Aceite de oliva, 1 cucharada

Pancetta o tocino grueso, 90 g (3 oz), picado

Ajo, 1 diente, finamente picado

Espinaca miniatura, 625 g (1 ¼ lb), enjuagada y húmeda

Sal y pimienta recién molida

Filetes de t-bone, 4, cada uno de aproximadamente 2.5 cm (1 pulg) de grueso

4 PORCIONES

chuletas de puerco con duraznos

Chile ancho en polvo u otro chile en polvo, 2 cucharadas

Comino molido, 1 cucharadita

Sal

Ajo en polvo, ¼ cucharadita

Chuletas de centro de puerco con hueso, 4, cada una de aproximadamente 2 cm (¾ pulg) de grueso

Aceite de canola, para barnizar

Duraznos, 2 grandes y firmes pero maduros, partidos a la mitad y sin hueso

Chutney de mango, 2 cucharadas (opcional)

4 PORCIONES

1 Prepare el asador

Prepare un asador de gas o carbón para asar directamente sobre fuego alto (vea la página 97 para más detalles). Si usa un asador de gas, encienda un quemador a fuego medio-bajo y los demás quemadores a fuego alto. Si usa un asador de carbón, extienda los carbones dando cierta inclinación.

2 Prepare las chuletas de puerco y los duraznos

En un tazón pequeño mezcle el chile en polvo con el comino, ¾ cucharadita de sal y el ajo en polvo. Barnice las chuletas de puerco por ambos lados con aceite y espolvoree con la mezcla de chile. Barnice los duraznos ligeramente con aceite. Reserve.

3 Ase las chuletas de puerco y los duraznos

Engrase ligeramente la parrilla del asador con aceite. Coloque las chuletas de puerco sobre la zona más caliente. Ase aproximadamente 2 minutos, hasta que la cara inferior tenga las marcas de la parrilla. Voltee y ase 2 minutos más. Mueva las chuletas de puerco a la zona menos caliente del asador y tape. Ase 6 u 8 minutos más, hasta que las chuletas se sientan firmes y reboten cuando se les presione en el centro. Durante los últimos 5 minutos del asado, coloque los duraznos, con su lado cortado hacia abajo, sobre la zona más caliente del asador y ase cerca de 3 minutos, hasta que sus caras inferiores tengan las marcas de la parrilla. Voltee y unte con el chutney, si lo usa. Ase cerca de 2 minutos más, hasta que estén bien calientes. Pase los duraznos a una tabla de picar y corte en rebanadas gruesas. Sirva los duraznos acompañando a las chuletas de puerco.

sugerencia del chef

Cuando no sea temporada de duraznos, use rebanadas de piña de 12 mm (½ pulg), sin piel y descorazonadas. Ase 8

minutos en total, volteando una sola vez, hasta que la piña esté ligeramente dorada y bien caliente. Para retirar la piel y corazón de una piña fresca, retire la cáscara con un cuchillo filoso. Rebane la piña transversalmente y retire el corazón con un molde redondo para galletas.

sugerencia del chef

La mantequilla de limón es una forma delicada de decorar las mazorcas de elote. Ralle la cáscara de un limón agrio en un tazón y agregue ½ taza (125 g/4 oz) de mantequilla sin sal a temperatura ambiente. Mezcle, sazone con sal y pimienta recién molida y deje reposar a temperatura ambiente durante 30 minutos antes de servir para mezclar los sabores.

pollo al chipotle y naranja con elote

1 Marine el pollo

Prepare un asador de gas o carbón para asar directamente sobre fuego alto (vea la página 97 para más detalles). Coloque las pechugas de pollo, una por una, entre dos hojas de plástico adherente y golpee ligeramente con un mazo plano de carnicero o un rodillo para uniformar el grosor. En un plato poco profundo de material no reactivo mezcle la ralladura y jugo de naranja con el vinagre, aceite, ajo, orégano, chile en polvo y ³⁄₄ cucharadita de sal. Agregue el pollo y cubra uniformemente. Tape y deje reposar mientras el asador se calienta. (El pollo se puede refrigerar hasta por 4 horas; voltee ocasionalmente dentro de la marinada.)

2 Ase el elote y el pollo

Engrase ligeramente la rejilla del asador. Coloque los elotes sobre la parrilla y tape. Ase durante 10 minutos. Agregue las pechugas de pollo al asador sin retirarle demasiada marinada. Tape y ase cerca de 10 minutos más, volteando las mazorcas de elote y el pollo ocasionalmente, hasta que las hojas de los elotes se hayan quemado y el pollo esté dorado en el exterior y se sienta firme al presionarlo. Pase el pollo y los elotes a un platón y sirva.

Pechugas de pollo en mitades, sin piel ni hueso, 4, de aproximadamente 220 g (7 oz) cada una

Ralladura y jugo de naranja, de 1 naranja

Vinagre balsámico, 2 cucharadas

Aceite de oliva, 2 cucharadas

Ajo, 1 diente, finamente picado

Orégano seco, 1 cucharadita

Chile chipotle en polvo u otro chile en polvo, ¼ cucharadita

Sal

Elote, 4 mazorcas con hojas

4 PORCIONES

17

hamburgesas italianas con pimientos y cebollas

Cebolla amarilla o blanca, 1 grande, cortada en medias lunas de 6 mm (¼ pulg) de grueso

Pimiento rojo, 1, sin semillas y cortado longitudinalmente en tiras de 6 mm (¼ pulg) de grueso

Aceite de oliva, 2 cucharadas

Sal y pimienta recién molida

Carne molida de res, 750 g (1 ½ lb)

Pesto, 4 cucharadas (60 ml/ 2 fl oz), comprado

Ajo, 2 dientes, finamente picados

Mayonesa, ½ taza (125 ml/ 4 fl oz)

Bollos italianos redondos, 4, partidos horizontalmente a la mitad

4 PORCIONES

1 Prepare los ingredientes para asar

Prepare un asador de gas o carbón para asar directamente sobre fuego alto (vea la página 97 para más detalles). En un tazón mezcle la cebolla y el pimiento con el aceite para cubrir; sazone con sal y pimienta. Coloque las verduras en el centro de una hoja de aluminio grueso de 30 cm (12 pulg) de largo. Doble la hoja y pliegue en la parte superior y lados para cubrir las verduras. En un tazón mezcle la carne de res, 2 cucharadas del pesto, el ajo, 1 cucharadita de sal y ½ cucharadita de pimienta; mezcle hasta integrar. Haga 4 tortitas iguales. En un tazón pequeño mezcle la mayonesa con las 2 cucharadas restantes de pesto. Reserve.

2 Ase las verduras y las hamburguesas

Engrase ligeramente la parrilla del asador con aceite. Coloque el paquete de verduras sobre la parrilla y tape. Ase durante 14 minutos volteando ocasionalmente. Agregue las tortitas al asador, tape y ase aproximadamente 3 minutos por cada lado para término medio-rojo, volteando una sola vez, hasta que estén doradas por ambos lados o hasta obtener la cocción deseada. En este momento las verduras también deberán estar suaves (abra el paquete para revisar). Durante el último minuto coloque los bollos sobre la parrilla, con el lado cortado hacia abajo, para tostar ligeramente. Sirva las hamburguesas sobre los bollos con los pimientos, cebollas y mayonesa de pesto.

filetes de atún con alioli de jengibre

1 Prepare el alioli

Prepare un asador de gas o carbón para asar directamente sobre fuego alto (vea la página 97 para más detalles). Usando sus manos presione el jugo del jengibre rallado hacia un tazón pequeño y deseche las partes sólidas del jengibre. Agregue la mayonesa, ajo y ralladura de limón y mezcle. Reserve.

2 Ase el atún

Seque los filetes de atún con toallas de papel. Barnice ligeramente los filetes por ambos lados con aceite y sazone con sal y pimienta. Engrase ligeramente la parrilla con aceite. Coloque el atún sobre la parrilla y tape. Ase aproximadamente 2 minutos por cada lado para término rojo, volteando una sola vez, hasta sellar y marcar con la parrilla por ambos lados. Rebane los filetes y sirva acompañando con el alioli.

Jengibre, 3 cucharadas, rallado grueso

Mayonesa, ½ taza (125 ml/ 4 fl oz)

Ajo, 1 diente, finamente picado

Ralladura de limón, de 1 limón

Filetes de atún, 4, cada uno de aproximadamente 2.5 cm (1 pulg) de grueso

Aceite de oliva, para barnizar

Sal y pimienta recién molida

4 PORCIONES

huachinango con tapenade de aceituna verde

Ajo, 1 diente

Aceitunas verdes sin hueso,
1 taza (125 g/4 oz)

Alcaparras, 2 cucharadas,
enjuagadas y escurridas

**Filetes de anchoa en aceite
de oliva,** 3, escurridas

Ralladura de limón,
de 1 limón

Aceite de oliva, 2 cucharadas,
más el necesario para barnizar

Hojuelas de chile rojo,
¼ cucharadita

Filetes de huachinango, 4,
de aproximadamente 155 g
(5 oz) cada uno

Sal y pimienta recién molida

4 PORCIONES

1 Prepare la tapenade

Prepare un asador de gas o carbón para asar directamente sobre fuego medio-alto (vea la página 97 para más detalles). Si usa un asador de gas, encienda un quemador a fuego bajo y los demás quemadores a fuego alto. Si usa un asador de carbón, extienda los carbones dando cierta inclinación. En un procesador de alimentos pique el ajo finamente. Agregue las aceitunas, alcaparras, anchoas, ralladura de limón, 2 cucharadas de aceite y las hojuelas de chile rojo. Pulse hasta obtener una pasta gruesa. Pase a un tazón y reserve. O, si lo desea, pique el ajo, aceitunas, alcaparras y anchoas con un cuchillo filoso. Pase a un tazón y mezcle con la ralladura de limón, aceite y hojuelas de chile rojo.

2 Ase el huachinango

Seque el huachinango con toallas de papel. Engrase ligeramente los filetes por ambos lados con aceite, sazone con sal y pimienta. Engrase ligeramente la parrilla con aceite. Coloque el huachinango sobre la parte menos caliente del asador y tape. Ase cerca de 6 minutos, volteando una sola vez, hasta que el huachinango se vea opaco cuando se pique con la punta de un cuchillo filoso. Pase los filetes a platos, cubra cada uno con una cucharada de tapenade y sirva.

sugerencia del chef

La parrilla del asador debe estar lo más limpia posible para evitar que el pescado se pegue. Tállelo vigorosamente con un cepillo para asador antes de colocar el pescado. Si cubre el pescado ligeramente con aceite evitará que se quede pegado, pero no use demasiado aceite para que no escurra y provoque flamas.

sugerencia del chef

Para convertir este platillo en una
versión vegetariana, omita el
prosciutto. También puede sustituir
el jitomate deshidratado por
verduras asadas y picadas (página
78), calentándolas en una sartén
sobre fuego medio hasta que estén
bien calientes, coloque sobre los
hongos portobello, cubra con queso
y termine de asar.

hongos portobello con prosciutto y queso fontina

1 Prepare el aceite de ajo

Prepare un asador de gas o carbón para asar directamente sobre fuego medio-alto (vea la página 97 para más detalles). Si usa un asador de gas, encienda un quemador a fuego bajo y los demás quemadores a fuego alto. Si usa un asador de carbón, extienda los carbones dando cierta inclinación. En una olla pequeña sobre fuego bajo mezcle el aceite con el ajo y caliente ligeramente durante 5 minutos. Retire del fuego y reserve.

2 Ase los hongos

Engrase ligeramente la parrilla del asador con aceite. Barnice los hongos por todos lados con el aceite de ajo y coloque, con las laminillas hacia abajo, en el centro del asador entre la zona caliente y la templada y tape. Ase cerca de 3 minutos, hasta que suelten sus jugos. Voltee cada hongo, divida los jitomates deshidratados picados proporcionalmente entre ellos y cubra cada uno con un trozo de prosciutto. Tape y ase durante 2 minutos. Cubra los hongos uniformemente con el queso, tape y ase aproximadamente un minuto más, hasta que se derrita el queso. Pase los hongos a platos, espolvoree con la salvia y sirva.

Aceite de oliva, 6 cucharadas (90 ml/3 fl oz)

Ajo, 4 dientes, machacados

Hongos portobello, 8 grandes, sin tallo

Jitomates deshidratados en aceite, 16, escurridos y picados grueso

Prosciutto, 4 rebanadas delgadas, cortadas transversalmente a la mitad

Queso fontina, 185 g (6 oz), finamente rebanado

Salvia fresca, 2 cucharadas, finamente picadas

4 PORCIONES

camarones al pesto sobre hortalizas mixtas

Ralladura y jugo de limón, de 1 limón grande

Aceite de oliva, ⅔ taza (160 ml/5 fl oz)

Sal y pimienta recién molida

Camarones grandes (langostinos), , 750 g (1 ½ lb), sin piel y desvenados, con sus colas intactas

Pesto, 3 cucharadas, comprado

Hortalizas mixtas para ensalada, 250 g (½ lb)

Jitomates uva o cereza, 1 taza (185 g/6 oz)

4 PORCIONES

1 **Prepare la vinagreta de limón**
Prepare un asador de gas o carbón para asar directamente sobre fuego medio-alto (vea la página 97 para más detalles). Coloque una malla para asar sobre la rejilla del asador. En un tazón pequeño mezcle la ralladura de limón con el jugo. Incorpore lentamente el aceite, batiendo. Sazone con sal y pimienta. Reserve.

2 **Ase los camarones**
En un tazón mezcle los camarones con 2 cucharadas de la vinagreta de limón, ½ cucharadita de pimienta y ¼ cucharadita de sal. Engrase ligeramente con aceite la malla para asar. Acomode los camarones sobre la malla para asar y tape. Ase aproximadamente 5 minutos en total, volteando una sola vez, hasta que estén firmes y opacos. Pase los camarones a un tazón, agregue el pesto y una cucharada de la vinagreta de limón; mezcle para cubrir los camarones. En un tazón grande mezcle las hortalizas con los jitomates, rocíe con la vinagreta de limón restante y mezcle. Divida la ensalada entre 4 platos, cubra con los camarones y sirva.

sugerencia del chef

Actualmente ya se puede encontrar camarones desvenados. También son más fáciles de pelar ya que

las pieles se sueltan en el proceso de desvenado. O, si prefiere ahorrar más tiempo aunque es más costoso, compre los camarones sin piel y desvenados. Para retirar la piel y desvenar camarones, tome un camarón y, empezando por su cabeza, jale la piel, corte una fisura poco profunda a lo largo de la curvatura del torso y levante y retire el intestino oscuro tipo vena.

chuletas de ternera con vinagreta de jitomate

1 Prepare el asador

Prepare un asador de gas o carbón para asar directamente sobre fuego alto (vea la página 97 para más detalles). Si usa un asador de gas, encienda un quemador a fuego bajo y los demás quemadores a fuego alto. Si usa un asador de carbón, extienda los carbones dando cierta inclinación.

2 Ase la ternera y los jitomates

Sazone la ternera con una cucharadita de sal y ½ cucharadita de pimienta. Engrase ligeramente la rejilla del asador. Coloque las chuletas de ternera y los jitomates sobre la zona más caliente del asador y tape. Ase las chuletas cerca de 2 minutos, hasta que a las partes inferiores se les marque la rejilla. Voltee y ase por el otro lado cerca de 2 minutos más. Ase los jitomates durante el mismo lapso de 4 minutos, volteando ocasionalmente, hasta que las pieles estén ligeramente quemadas. Pase los jitomates a un plato. Pase la ternera a la zona menos caliente del asador, tape y ase durante 5 minutos más para término medio. Pase a platos y reserve.

3 Prepare la vinagreta de jitomate

Retire y deseche la piel de los jitomates. En una licuadora o procesador de alimentos mezcle los jitomates con el vinagre y procese hasta obtener un puré. Con el motor encendido agregue el aceite. Posteriormente, añada el estragón, ¼ cucharadita de sal y ⅛ cucharadita de pimienta; pulse para mezclar. Rocíe las chuletas de ternera con la vinagreta y sirva.

Chuletas de ternera, 4, cada una de aproximadamente 2.5 cm (1 pulg) de grueso

Sal y pimienta recién molida

Jitomate guaje (roma), 2

Vinagre de vino tinto, 2 cucharadas

Aceite de oliva, ½ taza (125 ml/4 fl oz)

Estragón fresco, 2cucharaditas, picado

4 PORCIONES

brochetas de pollo con cuscús

Comino molido, 1 cucharadita

Páprika, 1 cucharadita

Cúrcuma molida,
1 cucharadita

Canela molida,
½ cucharadita

Ajo en polvo, ¼ cucharadita

Pimienta de cayena,
⅛ cucharadita

Sal

**Pechugas de pollo sin hueso
ni piel,** 625 g (1 ¼ lb),
cortadas en cubos de 4 cm
(1 ½ pulg)

Aceite de oliva, 2 cucharadas

Pimiento (capsicum) rojo, 1
grande, sin semillas y cortado
en trozos

Cuscús instantáneo, 1 taza
(185 g/6 oz)

Cilantro fresco, 2 cucharadas,
picado

4 PORCIONES

1 Prepare el asador

Prepare un asador de gas o carbón para asar directamente sobre fuego alto (vea la página 97 para más detalles). Remoje 4 pinchos de bambú para brocheta en agua mientras se calienta el asador, escurra justo antes de usar.

2 Prepare y ase las brochetas

En un tazón pequeño mezcle el comino con la páprika, cúrcuma, canela, ajo en polvo, cayena y una cucharadita de sal. En un tazón grande coloque el pollo para cubrir con el aceite. Espolvoree con la mezcla de especias y vuelva a revolver para cubrir. Divida el pollo y los trozos de pimiento entre las brochetas. Engrase ligeramente la parrilla del asador con aceite. Coloque las brochetas sobre la parrilla y tape. Ase 8 ó 10 minutos, volteando ocasionalmente, hasta que el pollo se haya dorado y se sienta firme al presionarlo.

3 Prepare el cuscús

Mientras se está asando el pollo, mezcle 1 ½ taza (375 ml/12 fl oz) de agua con ½ cucharadita de sal en una olla pequeña sobre fuego alto y hierva. Incorpore el cuscús y vuelva a hervir. Tape herméticamente y retire del fuego. Deje reposar cerca de 5 minutos, hasta que el cuscús absorba el agua. Incorpore el cilantro. Sirva las brochetas acompañando con el cuscús.

sugerencia del chef

Algunos mercados tienen brochetas de pollo y verduras listas para asar. Asegúrese de que no hayan sido marinadas antes de comprarlas o no podrá sazonarlas con las especias estilo marroquí de esta receta. Mezcle el aceite con las especias y barnice sobre las brochetas armadas.

sugerencia del chef

La albahaca tai, la cual tiene tallos
morados, hojas punteadas y un
ligero sabor a anís, así como los
pequeños chiles tai, se venden en
tiendas especializadas en productos
asiáticos y muchos supermercados.
Si no los encuentra, sustituya por
albahaca italiana y ½ chile jalapeño
o serrano.

berenjena con
salsa de chile picante

1 Prepare el asador

Prepare un asador de gas o carbón para asar directamente sobre fuego alto (vea la página 97 para más detalles). Si usa un asador de gas, encienda un quemador a fuego alto y los demás quemadores a fuego bajo. Si usa un asador de carbón, extienda los carbones dando cierta inclinación.

2 Prepare una salsa de chile

En una sartén pequeña sobre fuego medio-alto caliente la cucharada de aceite. Agregue el chalote, ajo y chile y saltee cerca de un minuto, hasta que el chalote se suavice pero no se queme. Retire del fuego, agregue la salsa de pescado, jugo de limón y azúcar moscabado; mezcle para disolver el azúcar.

3 Ase las berenjenas

Barnice las berenjenas con aceite. Engrase ligeramente la parrilla del asador con aceite. Coloque las berenjenas sobre la zona menos caliente del asador y tape. Ase cerca de 6 minutos, volteando ocasionalmente, hasta que estén suaves. Pique la berenjena en trozos de 2.5 cm (1 pulg). Usando una cuchara pase el arroz a tazones poco profundos, cubra con la berenjena y rocíe con la salsa. Adorne con la albahaca y sirva.

Aceite de canola, 1 cucharada, más el necesario para barnizar

Chalote, 1, finamente picado

Ajo, 2 dientes, finamente picados

Chile rojo fresco de preferencia tai, 1, sin semillas y finamente picado

Salsa de pescado asiática, ⅓ taza (80 ml/3 fl oz)

Jugo de limón fresco, de 1 limón agrio

Azúcar mascabado, 1 cucharada compacta

Berenjenas asiáticas (berenjenas delgadas), 6, sin tallo y rebanadas longitudinalmente

Arroz al vapor, para acompañar

Albahaca frescal, de preferencia tai, 3 cucharadas, cortada en listones

4 PORCIONES

filetes de salmón con frijoles blancos a las hierbas

Aceite de oliva, 1 cucharada, más el necesario para barnizar

Prosciutto o tocino, 2 rebanadas delgadas, picado

Chalote, 1 grande, finamente picado

Frijoles cannellini, 2 latas (590 g / 19 oz cada una), escurridos y enjuagados

Vino blanco seco, ⅓ taza (80 ml/3 fl oz)

Romero fresco, 1 cucharadita, picado

Jitomate, 1 grande, sin semillas y cortado en dados

Sal y pimienta recién molida

Filetes de salmón, 4, con su piel intacta

4 PORCIONES

1 **Prepare el asador**
Prepare un asador de gas o carbón para asar directamente sobre fuego alto (vea la página 97 para más detalles). Si usa un asador de gas, encienda un quemador a fuego alto y los demás quemadores a fuego bajo. Si usa un asador de carbón, extienda los carbones dando cierta inclinación.

2 **Prepare los frijoles blancos**
En una olla sobre fuego medio-alto caliente la cucharada de aceite. Agregue el prosciutto y saltee cerca de 2 minutos, hasta dorar ligeramente. Agregue el chalote y saltee 1 ó 2 minutos, hasta que se suavice. Agregue los frijoles, vino y romero. Cocine cerca de 10 minutos, hasta que los frijoles estén calientes y los sabores se hayan fundido. Durante los últimos 2 minutos incorpore el jitomate. Sazone con sal y pimienta. Mantenga calientes.

3 **Ase el salmón**
Seque los filetes de salmón con toallas de papel. Engrase ligeramente el salmón por ambos lados con aceite, sazone con sal y pimienta. Engrase ligeramente la parrilla del asador. Coloque el salmón sobre la zona más caliente del asador. Ase cerca de 2 minutos, sin tapar, hasta sellar y quedar con las marcas de la parrilla. Voltee y pase los filetes a la zona menos caliente del asador y tape. Ase cerca de 7 minutos más, hasta que el salmón se vea ligeramente opaco cuando se pique en su parte más gruesa con la punta de un cuchillo filoso. Sirva cada filete de salmón sobre una porción de los frijoles.

sugerencia del chef

El ragout de frijoles blancos se puede hacer hasta con 2 horas de anticipación y mantenerse a temperatura ambiente. Recaliente sobre fuego bajo justo antes de servir, mezclando ocasionalmente.

tacos de camarón con ensalada de col

1 Prepare la ensalada de col

Prepare un asador de gas o carbón para asar directamente sobre fuego alto (vea la página 97 para más detalles). Coloque una malla para asar sobre la parrilla del asador. En un tazón mezcle la mayonesa con el jugo de limón. Agregue la col, cebollitas de cambray, chile y cilantro; mezcle hasta integrar. Sazone con sal y pimienta. Incorpore el jitomate. Tape y refrigere hasta el momento de servir.

2 Ase los camarones

En un tazón mezcle los camarones con el aceite, ralladura de limón, ½ cucharadita de pimienta y ¼ cucharadita de sal. Engrase ligeramente con aceite la malla para asar. Acomode los camarones sobre la malla para asar y tape. Ase cerca de 4 minutos, volteando una sola vez, hasta que estén firmes y opacos. Durante el último minuto de asado, coloque las tortillas sobre la parrilla del asador y caliente, volteando una vez, hasta que estén muy calientes. Pase los camarones a un tazón de servicio y coloque las tortillas en una canasta cubierta con una servilleta. Deje que cada comensal haga sus tacos con los camarones, tortillas y ensalada.

Mayonesa, ⅓ taza (80 ml/ 3 fl oz)

Ralladura y jugo de limón agrio, de 1 limón grande

Col verde, ½ cabeza, sin corazón y rallada, (aproximadamente 4 tazas/375 g/12 oz)

Cebollitas de cambray, 2, sus partes blancas y verde claro, picadas

Chile jalapeño, 1, sin semillas y finamente picado

Cilantro fresco, 2 cucharadas, picado

Sal y pimienta recién molida

Jitomate, 1 grande, sin semillas y cortado en dados

Camarones (langostinos), 500 g (1 lb), sin piel y desvenados

Aceite de canola, 1 cucharada

Tortillas de maíz, 8

4 PORCIONES

chuletas de cordero estilo tandoori

Ajo, 2 dientes

Cebolla amarilla o blanca, 1 pequeña, partida en cuartos

Jengibre, 2 cucharadas, picado

Yogurt natural sin sabor, 1 taza (250 g/8 oz)

Garam masala, 1 cucharadita

Sal

Pimienta de cayena, ¼ cucharadita

Chuletas magras de cordero, 4, cada una de aproximadamente 2.5 cm (1 pulg) de grueso

4 PORCIONES

1 Prepare el cordero

Prepare un asador de gas o carbón para asar directamente sobre fuego alto (vea la página 97 para más detalles). En un procesador de alimentos pique el ajo finamente. Agregue la cebolla y el jengibre; pulse para picar finamente. Agregue el yogurt, el garam masala, una cucharadita de sal y la pimienta de cayena; pulse hasta integrar por completo. Pase a un plato poco profundo de material no reactivo. Agregue el cordero y voltee para cubrir con la mezcla de yogurt. Tape y deje reposar mientras se calienta el asador. (Las chuletas de cordero se pueden refrigerar durante toda la noche; voltee ocasionalmente dentro de la marinada.)

2 Ase el cordero

Engrase ligeramente la parrilla del asador con aceite. Coloque las chuletas sobre la parrilla. Ase 10 ó 12 minutos en total para término medio-rojo, volteando una sola vez. Pase a platos y sirva.

sugerencia del chef

Para hacer una guarnición sencilla para estas chuletas asadas de inspiración hindú, mezcle ½ taza (90 g/3 oz) de chícharos congelados, descongelados, con arroz basmati cocido caliente o mezcle 2 cucharadas de cilantro fresco picado con el arroz cocido.

halibut y calabacitas con salsa romesco

1 Prepare el asador

Prepare un asador de gas o carbón para asar directamente sobre fuego alto (vea la página 97 para más detalles). Si usa un asador de gas, encienda un quemador a fuego bajo y los demás quemadores a fuego alto. Si usa un asador de carbón, extienda los carbones dando cierta inclinación.

2 Prepare la salsa romesco

Precaliente una sartén pequeña y seca sobre fuego medio. Agregue las almendras y tueste cerca de 2 minutos, moviendo casi constantemente, hasta que aromaticen y estén doradas. Coloque sobre un plato pequeño. En un procesador de alimentos pique el ajo finamente. Agregue los pimientos asados, almendras, vinagre y páprika; procese hasta picar. Con el motor encendido incorpore las 3 cucharadas de aceite y procese para formar una salsa gruesa. Sazone con sal y pimienta. Reserve la salsa a temperatura ambiente.

3 Ase el halibut y las calabacitas

Seque los filetes de halibut con toallas de papel. Barnice ligeramente con aceite los filetes y las calabacitas por ambos lados, sazone con sal y pimienta. Engrase ligeramente la parrilla del asador con aceite. Coloque el halibut sobre la zona menos caliente de la parrilla y las calabacitas sobre la parte más caliente y tape. Ase el halibut y las calabacitas cerca de 10 minutos, volteando una sola vez, hasta que el halibut se vea opaco al picarlo con la punta de un cuchillo filoso y las calabacitas estén suaves. (Si las calabacitas están listas antes que el halibut, muévalas a la zona menos caliente del asador.) Usando un cuchillo filoso corte las calabacitas asadas en trozos diagonales. Divida las calabacitas y el halibut entre platos y sirva con la *salsa romesco*.

Almendras en hojuelas, ½ taza (60 g/2 oz)

Ajo, 1 diente

Tiras de pimiento (capsicum) rojo asado, 1 frasco (aproximadamente 1 taza/ 375 g/12 oz), escurridas

Vinagre de jerez, 2 cucharaditas

Páprika, de preferencia española ahumada, 1 cucharadita

Aceite de oliva, 3 cucharadas, más el necesario para barnizar

Sal y pimienta recién molida

Filetes de halibut, 4, de aproximadamente 185 g (6 oz) cada uno

Calabacitas, 4, sin orillas y partidas longitudinalmente a la mitad

4 PORCIONES

calamares con ensalada caliente de papas a la albahaca

Limones sin semilla, 2

Aceite de oliva, 5 cucharadas (80 ml/3 fl oz)

Papas rojas,
625 g (1 ¼ lb), cortadas en rodajas de 6 mm (¼ pulg) de grueso

Chalote, 1, finamente picado

Albahaca fresca, 3 cucharadas, finamente picada

Sal y pimienta recién molida

Calamares, 625 g (1 ¼ lb), limpios y sin tentáculos (aproximadamente 24)

4 PORCIONES

1 Prepare la ensalada de papas

Prepare un asador de gas o carbón para asar directamente sobre fuego alto (vea la página 97 para más detalles). Haga la ralladura de un limón y exprima su jugo para obtener 3 cucharadas. Corte el otro limón en rebanadas. Reserve la ralladura, jugo y rebanadas de limón. En una sartén grande antiadherente sobre fuego alto caliente 2 cucharadas del aceite hasta que esté muy caliente. Agregue las papas y cocine cerca de 3 minutos, moviendo a menudo, hasta que se cubran con el aceite y se empiecen a suavizar. Agregue ½ taza (125 ml/4 fl oz) de agua, reduzca el fuego a medio y tape herméticamente. Cocine aproximadamente 18 minutos, agregando un poco más de agua si fuera necesario para evitar que se quemen, hasta que las papas estén suaves y el agua se haya evaporado. Incorpore el chalote, ralladura de limón, albahaca, 2 cucharadas de jugo de limón y 2 cucharadas de aceite. Sazone con sal y pimienta. Mantenga calientes.

2 Ase los calamares

Usando un cuchillo filoso rebane cada calamar longitudinalmente, abra y aplane con su cara interior hacia arriba. Usando la punta del cuchillo haga marcas a cuadros sobre la carne. En un tazón mezcle los calamares con las cucharadas restantes de jugo de limón y aceite. Engrase ligeramente la parrilla del asador con aceite. Coloque los calamares sobre la parrilla y cocine cerca de 2 minutos en total, sin tapar, volteando una sola vez, hasta que estén sellados por ambos lados (se enroscarán). No sobre cocine. Divida los calamares y la ensalada de papa entre los platos y acompañe con rebanadas de limón.

sugerencia del chef

Los calamares sin limpiar son una ganga pero es muy tedioso el prepararlos, por lo que vale la pena pagar más por calamares limpios. Los tentáculos no se usan en esta receta porque se caerían a través de la rejilla del asador. Si desea cocinarlos use una malla para asar.

salmón ahumado
con tortitas de papa

1 Prepare los trocitos de madera y el asador

En un tazón remoje 2 puños grandes de trocitos de madera en agua caliente durante 10 minutos. Prepare un asador de gas o carbón para asar indirectamente sobre fuego alto (vea la página 97 para más detalles). Si usa un asador de gas, coloque un puño de trocitos de madera secos sobre un trozo de papel aluminio y coloque el papel sobre el quemador encendido a fuego alto. Escurra los trocitos de madera remojados y, cuando los trocitos de madera secos empiecen a humear, póngalos en el papel. Si usa un asador de carbón, espolvoree los trocitos de madera remojados sobre los carbones.

2 Humee el salmón

Sazone el salmón por ambos lados con ½ cucharadita de sal y ¼ cucharadita de pimienta. Engrase ligeramente la parrilla del asador. Coloque el salmón, con la piel hacia abajo, sobre la zona menos caliente del asador y tape. Ase 8 ó 10 minutos, hasta que se vea opaco cuando se revise con la punta de un cuchillo. Si el salmón está listo antes que las tortitas, pase a un platón de servicio y tape holgadamente con papel aluminio para mantenerlo caliente.

3 Prepare las tortitas de papa

Mientras el salmón se está cocinando, precaliente el horno a 95°C (200°F). Cubra una charola para hornear con toallas de papel y coloque en el horno. En un tazón mezcle la crema ácida con el eneldo; reserve. En un tazón grande mezcle las papas, cebolla, huevo entero, yema de huevo, migas de pan, ¾ cucharaditas de sal y ¼ cucharadita de pimienta. En una sartén grande sobre fuego medio-alto caliente el aceite hasta que esté muy caliente. Para hacer cada tortita, agregue aproximadamente ⅛ de mezcla de papa al aceite y extienda con el revés de una cuchara para hacer un círculo; no amontone la sartén. Cocine cerca de 5 minutos, volteando una sola vez, hasta que ambos lados estén dorados. Pase a la charola de hornear dentro del horno para mantener calientes. Sirva el salmón y las tortitas con la crema ácida.

Filetes de centro de salmón, 4, con su piel intacta, aproximadamente 750 g (1 ½ lb) en total

Sal y pimienta recién molida

Crema ácida, ⅔ taza (155 g/5 oz)

Eneldo fresco, 2 cucharadas, finamente picado

Papas russet o alfa, 500 g (1 lb), sin piel y ralladas

Cebolla amarilla o blanca, 1 pequeña, picada grueso

Huevo entero, 1

Yema de huevo, 1

Migas finas de pan seco, 2 cucharadas

Aceite de canola, ⅓ taza (80 ml/3 fl oz)

4 PORCIONES

15 minutos
de preparación

pollo a la melaza de whiskey

Aceite de canola,
1 cucharada

Cebolla amarilla o blanca,
1 pequeña, finamente picada

Ajo, 2 dientes, finamente picados

Catsup, 1 taza (250 ml/ 8 fl oz)

Melaza, ¼ (250 ml/8 fl oz)

Vinagre balsámico, ¼ taza (60 ml/2 fl oz)

Whiskey bourbon, ¼ taza (60 ml/2 fl oz)

Pollo entero,
1, aproximadamente 2 kg (4 lb), cortado en 8 piezas

Sal y pimienta recién molida

4 PORCIONES

1 **Prepare la salsa de whiskey y melaza**
Prepare un asador de gas o carbón para asar indirectamente sobre fuego alto (vea la página 97 para más detalles). En una olla grande sobre fuego medio caliente el aceite. Agregue la cebolla y cocine cerca de 5 minutos, moviendo a menudo, hasta que se dore. Integre el ajo y cocine cerca de un minuto, hasta que aromatice. Incorpore la catsup, melaza, vinagre y wiskey y caliente. Cuando suelte el hervor reduzca el fuego a medio-bajo y hierva aproximadamente 10 minutos, hasta que espese ligeramente. Retire la sartén del fuego y reserve.

2 **Ase el pollo**
Sazone las piezas de pollo con ¾ cucharadita de sal y ½ cucharadita de pimienta. Engrase ligeramente la parrilla del asador con aceite. Coloque las piezas de pollo, con la piel hacia abajo, sobre la rejilla puesta sobre una sartén para recolectar el jugo que suelten, poniendo las piernas, muslos y alas lo más cerca de la fuente de calor. Tape y ase cerca de 50 minutos, volteando las piezas ocasionalmente, hasta que un termómetro de lectura instantánea colocado en la parte más gruesa de un muslo o pechuga (pero sin tocar el hueso) registre los 77ºC (170ºF). Durante los últimos 10 minutos del asado barnice las piezas generosamente con la salsa. Retire del asador y sirva.

sugerencia del chef

Esta salsa de whiskey y melaza es una salsa para parrilladas que se puede usar en muchos alimentos. Haga una porción doble o triple para almacenar y poder usar en otras comidas. Se mantendrá fresca en un recipiente hermético dentro del refrigerador hasta por un mes.

sugerencia del chef

Para tostar semillas de ajonjolí, colóquelas en una sartén pequeña y ponga sobre fuego medio. Tueste cerca de

3 minutos, moviendo las semillas o agitando la sartén a menudo, hasta que las semillas aromaticen y se doren. Tenga cuidado pues se queman con facilidad. Tueste únicamente la cantidad necesaria ya que estas semillas saben mejor cuando están frescas.

pollo al jengibre de ajonjolí

1 Marine el pollo

En un tazón de material no reactivo lo suficientemente grande para dar cabida al pollo bata la salsa de soya con el jengibre, aceite, jerez, azúcar, ajo y ½ cucharadita de pimienta. Agregue el pollo y voltee para cubrir uniformemente. Tape y deje reposar mientras se calienta el asador. (El pollo puede refrigerarse hasta por 8 horas; voltee ocasionalmente dentro de la marinada.)

2 Ase el pollo

Prepare un asador de gas o carbón para asar indirectamente sobre fuego alto (vea la página 97 para más detalles). Engrase la parrilla del asador con aceite. Coloque el pollo, con la piel hacia abajo, sobre la rejilla puesta sobre una sartén para recolectar el jugo que suelte y tape. Ase durante 25 minutos. Voltee el pollo y continúe asando cerca de 20 minutos más, hasta que un termómetro de lectura instantánea insertado en la parte más gruesa del muslo (pero sin tocar el hueso) registre los 77°C (170°F). Pase a platos o a un platón, espolvoree con las semillas de ajonjolí y sirva.

Salsa de soya, ½ taza (125 ml/4 fl oz)

Jengibre, ¼ taza (30 g/1 oz), rallado

Aceite de ajonjolí asiático, 2 cucharadas

Jerez seco, 2 cucharadas

Azúcar mascabado, 1 cucharada comprimida

Ajo, 2 dientes grandes, picados

Pimienta recién molida

Piernas de pollo con muslo, aproximadamente 1.25 kg (2 ½ lb) en total

Semillas de ajonjolí, 2 cucharadas, tostadas

4 PORCIONES

punta de filete marinado con cerveza

Cerveza lager, 1 taza
(250 ml/8 fl oz)

Aceite de oliva, 2 cucharadas

Chile en polvo, 1 cucharada

Orégano seco, 2 cucharaditas

Comino molido, 1 cucharadita

Sal y pimienta recién molida

Cebolla amarilla o blanca,
1, picada

Ajo, 2 dientes, picados

Punta de filete de res, 2, de
aproximadamente 500 g
(1 lb) cada una

6 PORCIONES

1 Marine la punta de filete

En un tazón grande bata la cerveza con el aceite, chile en polvo, orégano, comino, ¾ cucharadita de sal y ½ cucharadita de pimienta. Integre la cebolla y el ajo. Agregue la carne y voltee para cubrir uniformemente. Tape y deje reposar mientras el asador se calienta. (La carne de res se puede refrigerar hasta por 8 horas; voltee ocasionalmente dentro de la marinada.)

2 Prepare el asador

Prepare un asador de gas o carbón para asar directamente sobre fuego medio-alto (vea la página 97 para más detalles). Si usa un asador de gas, encienda un quemador a fuego medio y los demás quemadores a fuego alto. Si usa un asador de carbón, extienda los carbones dando cierta inclinación.

3 Ase la punta de filete

Engrase ligeramente la rejilla con aceite. Retire la carne de la marinada y colóquela sobre la zona más caliente del asador. Tape y ase durante 10 minutos, volteando una sola vez. Pase la carne a la parte menos caliente del asador, tape y ase cerca de 10 minutos más, hasta que un termómetro de lectura instantánea insertado en la parte más gruesa registre 54°C (130°F) para término medio-rojo. Pase a una tabla de picar y deje reposar 3 ó 5 minutos, corte en contra del grano en rebanadas delgadas y sirva.

sugerencia del chef

Sirva la punta de filete con
rebanadas de papas Yukon asadas.
Hierva las papas en agua con sal
durante 10 minutos y ase junto a la
carne, volteando ocasionalmente
para que se doren por todos lados y
se sientan suaves al picarlas con un
tenedor.

chuletas a la parrilla con glaseado de salsa hoisin

1 Prepare el glaseado de hoisin

Prepare un asador de gas o carbón para asar directamente sobre fuego medio-alto (vea la página 97 para más detalles). En una olla sobre fuego medio-alto caliente el aceite. Agregue el jengibre y el ajo y saltee cerca de 30 segundos, hasta que aromatice. Agregue la cebollita y cocine cerca de un minuto, hasta que se marchite. Integre la catsup, salsa hoisin y jerez; hierva lentamente. Reduzca el fuego a bajo y hierva lentamente cerca de 5 minutos, moviendo a menudo para mezclar los sabores. Deje reposar a temperatura ambiente.

2 Ase las costillitas

Corte las costillitas en 4 porciones iguales. Sazone por ambos lados con 1 ½ cucharadita de sal y ½ cucharadita de pimienta. Envuelva cada trozo en una hoja doble de papel aluminio grueso. Coloque las costillitas envueltas en papel aluminio sobre la parrilla y tape. Ase durante 45 minutos, volteando las costillas ocasionalmente y teniendo cuidado de no romper el papel. Abra el papel y pique las costillas con la punta de un cuchillo; deben estar ligeramente suaves. Si todavía no están suaves, vuelva a envolver y cocine 5 ó 10 minutos más. Retire los paquetes y desenvuelva las costillas, desechando el papel y los jugos. Agregue más carbones calientes al fuego si los carbones se han terminado. Engrase ligeramente la parrilla con aceite. Coloque las costillas sobre la parrilla y cocine cerca de 5 minutos, volteando de vez en cuando, hasta que se doren ligeramente. Barnice por ambos lados con el glaseado de hoisin y continúe asando cerca de 5 minutos más. Pase a una tabla de picar, corte en costillitas individuales y sirva.

Aceite de canola, 1 cucharada

Jengibre, 2 cucharadas, rallado

Ajo, 1 diente, finamente picado

Cebollita de cambray, 1 grande, sus partes blancas y verdes, finamente picadas

Catsup, ⅔ taza (160 ml/ 5 fl oz)

Salsa hoisin, ⅓ taza (80 ml/3 fl oz)

Jerez seco, 2 cucharadas

Costillitas de puerco bebé, 2 kg (4 lb)

Sal y pimienta recién molida

DE 4 A 6 PORCIONES

tenderloin de puerco en tasajo

Filetes de puerco, 2, de aproximadamente 500 g (1 lb) cada uno, limpios y sin piel plateada

Ajo, 2 dientes

Cebollitas de cambray, 4, sus partes blancas y verde claro, picadas grueso

Chile habanero o jalapeño, ½, sin semillas

Ralladura y jugo de limón agrio, de 1 limón

Salsa de soya, 2 cucharadas

Aceite de canola, 2 cucharadas

Tomillo seco, ½ cucharadita

Pimienta de jamaica molida, ¼ cucharadita

6 PORCIONES

1 Marine el puerco

Si fuera necesario doble y ate la "punta" de cada filete con cordón de cocina para asegurar un cocimiento uniforme. En un procesador de alimentos pique el ajo finamente. Agregue las cebollitas de cambray, chile, ralladura y jugo de limón, salsa de soya, aceite, tomillo y pimienta de jamaica; procese hasta que se forme una pasta húmeda. Pase a un refractario poco profundo de material no reactivo, agregue el puerco y voltee para cubrir uniformemente. Tape y deje reposar mientras se calienta el asador. (El puerco se puede refrigerar hasta por 8 horas.)

2 Ase el puerco

Prepare un asador de gas o carbón para asar directamente sobre fuego alto (vea la página 97 para más detalles). Engrase ligeramente la parrilla del asador con aceite. Retire el puerco de la marinada, coloque sobre la parrilla y tape. Ase 10 ó 12 minutos, volteando ocasionalmente, hasta que el puerco se sienta firme y rebote cuando se le presione o cuando un termómetro de lectura instantánea registre 63ºC (145ºF) cuando se inserte en la parte más gruesa del puerco. Tenga cuidado de no sobre cocinar el puerco. Pase a un platón y deje reposar 5 minutos. Corte transversalmente en diagonal en rebanadas de 12 mm (½ pulg) de grueso y sirva.

sugerencia del chef

Los camotes (algunas veces llamados ñame) son deliciosos para acompañar el puerco en tasajo. Talle los camotes de tamaño medio y pique en algunos lugares con un tenedor. Coloque sobre una charola para hornear y hornee a 200ºC (400ºF) cerca de una hora, hasta que estén suaves.

sugerencia del chef

Puede usar una berenjena (aubergine) globo grande en lugar de las berenjenas asiáticas delgadas, pero su

carne debe salarse primero para retirarle su jugo amargo. Corte transversalmente en rodajas de 12 mm (½ pulg) de grueso, espolvoree las rodajas con sal, coloque en un colador y deje reposar aproximadamente 30 minutos. Enjuague bien, seque con toallas de papel, barnice con aceite y ase de acuerdo a la receta.

chuletas de puerco al limón con berenjena

1 Marine las chuletas de puerco

En un procesador de alimentos pique el ajo finamente. Agregue el jengibre, té limón y cilantro; pulse para picar finamente. Agregue 2 cucharadas de agua, la salsa de pescado, azúcar mascabado y las hojuelas de chile rojo; procese hasta que se forme una pasta húmeda. Pase a un refractario poco profundo de material no reactivo, agregue las chuletas de puerco y voltee para cubrir uniformemente. Tape y deje reposar mientras se calienta el asador. (Las chuletas de puerco se pueden refrigerar hasta por 8 horas.)

2 Ase las chuletas de puerco y las berenjenas

Prepare un asador de gas o carbón para asar directamente sobre fuego alto (vea la página 97 para más detalles). Barnice las mitades de berenjena por ambos lados con aceite. Engrase ligeramente la parrilla del asador con aceite. Coloque las chuletas y berenjenas sobre la parrilla y tape. Ase las chuletas cerca de 8 minutos en total, volteando una sola vez, hasta que se sientan firmes y reboten al presionarlas. Ase las berenjenas cerca de 6 minutos, volteando una o dos veces, hasta que estén suaves y pase a la orilla del asador para mantenerlas calientes mientras el puerco se termina de cocer. Pase las chuletas de puerco y las berenjenas a un platón y sirva.

Ajo, 2 dientes

Jengibre, 2 cucharadas, picado

Té limón (lemongrass, 2 tallos, sin la parte superior dura, sin hebras y sus bulbos suaves sin piel y picados

Cilantro fresco, 2 cucharadas, picado

Salsa de pescado asiática, ¼ taza (60 ml/2 fl oz)

Azúcar mascabado, 1 cucharada compacta

Hojuelas de chile rojo, ½ cucharadita

Chuletas de lomo de puerco sin hueso, 4, cada una de aproximadamente 250 g (½ lb) y 2.5 cm (1 pulg) de grueso

Berenjenas asiáticas (berenjenas delgadas), 4, limpias y cortadas longitudinalmente a la mitad

Aceite de canola, para barnizar

4 PORCIONES

pollo con hierbas toscanas

Orégano seco, 2 cucharaditas

Romero seco, 2 cucharaditas

Salvia seca, 2 cucharaditas

Semillas de hinojo, ½ cucharadita, machacadas

Sal y pimienta recién molida

Aceite de oliva, 2 cucharadas

Ajo, 2 dientes

Piernas de pollo con muslo, 4, aproximadamente 1.25 kg (2 ½ lb) en total

Limón sin semilla, 1 grande, cortado en rebanadas

4 PORCIONES

1 Sazone el pollo

Prepare un asador de gas o carbón para asar indirectamente sobre fuego alto (vea la página 97 para más detalles). En un tazón pequeño mezcle el orégano con el romero, salvia, hinojo, ½ cucharadita de sal y ½ cucharadita de pimienta. En un plato poco profundo de material no reactivo mezcle el aceite con el ajo, agregue el pollo y voltee para cubrir uniformemente. Tape y deje reposar mientras se calienta el asador. (El pollo se puede refrigerar hasta por 8 horas.)

2 Ase el pollo

Engrase ligeramente la parrilla con aceite. Coloque el pollo, con la piel hacia abajo, sobre la rejilla puesta sobre una sartén para recolectar los jugos que suelte y tape. Ase durante 25 minutos. Voltee el pollo y ase cerca de 20 minutos más, hasta que un termómetro de lectura instantánea colocado en la parte más gruesa del muslo (pero sin tocar el hueso) registre 77ºC (170ºF). Pase a platos o a un platón y sirva acompañando con las rebanadas de limón.

sugerencia del chef

En el verano, cuando los jardines están en su mejor temporada, sustituya las hierbas secas por una cucharada de orégano fresco, una de romero fresco y una de salvia fresca finamente picadas. Haga esta misma mezcla de hierbas cuando ase puerco.

carne de res coreana y brochetas de shiitake

1 Marine la carne

En un tazón grande de material no reactivo mezcle la salsa de soya, jerez, aceite, cebollitas, pera, ajo, jengibre, azúcar, semillas de ajonjolí y hojuelas de chile rojo hasta que se disuelva el azúcar. Corte la carne de res en cubos de 2.5 cm (1 pulg), agregue al tazón y mezcle. Tape y deje reposar mientras el asador se calienta. (La carne de res se puede refrigerar hasta por 8 horas; voltee ocasionalmente dentro de la marinada.)

2 Prepare el asador

Prepare un asador de gas o carbón para asar directamente sobre fuego alto (vea la página 97 para más detalles). Remoje en agua 4 pinchos de bambú para brocheta mientras se calienta el asador, escurra justo antes de usar.

3 Ase las brochetas de res

Engrase ligeramente la parrilla del asador con aceite. Retire la carne de la marinada y sumerja los hongos en ella. Inserte los cubos de res y los hongos en cada brocheta. Ase las brochetas cerca de 10 minutos en total para término medio-rojo, volteando ocasionalmente. Pase a platos o a un platón y sirva.

Salsa de soya, 1/3 taza (80 ml/3 fl oz)

Jerez seco, 1/3 taza (80 ml/ 3 fl oz)

Aceite de ajonjolí asiático, 1 cucharada

Cebollitas de cambray, 2, sus partes blancas y verde claro, finamente picadas

Pera asiática o manzana Granny Smith, 1 pequeña, sin piel, descorazonada y rallada grueso

Ajo, 2 dientes, finamente picados

Jengibre, 2 cucharadas, sin piel y rallado

Azúcar, 2 cucharadas

Semillas de ajonjolí, 1 1/2 cucharada

Hojuelas de chile rojo, 1/2 cucharadita

Bola de res, 750 g (1 1/2 lb), sin demasiada grasa

Hongos shiitake, aproximadamente 16, sin tallos

4 PORCIONES

chuletas de puerco con relleno de manzana y salvia

Mantequilla sin sal,
2 cucharadas

Chalotes, 2 cucharadas,
finamente picados

Migas de pan fresco, 1 taza
(60 g/2 oz)

Manzanas secas, ½ taza (45
g/1 ½ oz), picadas grueso

Salvia fresca, 2 cucharadas,
finamente picada

Semillas de hinojo molido,
¼ cucharadita

Sidra fuerte, ⅓ taza (80 ml/
3 fl oz)

Sal y pimienta recién molida

**Chuletas de centro de
puerco con hueso,** 4, cada
una de aproximadamente 4
cm (1 ½ pulg)

Bulbo de hinojo, 1, limpio y
cortado longitudinalmente en
rebanadas de 6 mm (¼ pulg)
de grueso

Aceite de canola, para
barnizar

4 PORCIONES

1 Prepare el asador

Prepare un asador de gas o carbón para asar directamente sobre fuego alto (vea la página 97 para más detalles). Si usa un asador de gas, encienda un quemador a fuego medio y los demás quemadores a fuego alto. Si usa un asador de carbón, extienda los carbones dando cierta inclinación.

2 Rellene las chuletas de puerco

En una sartén pequeña sobre fuego medio derrita la mantequilla. Agregue los chalotes y saltee cerca de 2 minutos, hasta suavizar. Integre las migas de pan, manzanas secas, salvia y semillas de hinojo molido e incorpore la sidra. Sazone con sal y pimienta. Haga un corte horizontal profundo en cada chuleta de puerco y rellene con una cantidad proporcional del relleno de manzana. Cierre la hendidura con palillos de madera. Sazone las chuletas con sal y pimienta.

3 Ase las chuletas de puerco y el hinojo

Engrase ligeramente la parrilla con aceite. Coloque las chuletas de puerco sobre la zona más caliente del asador. Ase cerca de 2 minutos, hasta que los lados inferiores estén sellados con las marcas de la parrilla. Voltee y ase por los otros lados 2 minutos más, hasta que se marque la parrilla. Pase las chuletas de puerco a la zona menos caliente del asador y tape. Ase cerca de 16 minutos más, hasta que las chuletas se sientan firmes y reboten cuando se les presione en el centro. Durante los últimos 10 minutos de asado barnice el hinojo con aceite y sazone ligeramente con sal y pimienta. Coloque sobre la zona más caliente del asador y ase junto con las chuletas 8 ó 10 minutos más, volteando ocasionalmente, hasta que estén ligeramente suaves. Pase las chuletas de puerco y el hinojo a un platón, retire los palillos de madera de las chuletas y sirva

sugerencia del chef

Si no tiene manzanas deshidratadas, los chabacanos secos o los higos cristalizados son excelentes sustitutos. Y si no hay sidra fuerte en su casa puede sustituirla por sidra de manzana común (sin alcohol) o vermouth seco.

pollo en mariposa con pan al ajo

1 Prepare el pollo y el ajo

Pida a su carnicero que corte su pollo en mariposa o hágalo usted mismo: corte el pollo a la mitad a un lado de la espina dorsal y del hueso de la pechuga para abrir en una sola pieza y presione firmemente para aplanar. En un refractario poco profundo de material no reactivo bata el vino con la ralladura y jugo de limón, 2 cucharadas de aceite, chalote, mostaza, romero, ¾ cucharaditas de sal y ¼ cucharadita de pimienta. Agregue el pollo y voltee para cubrir uniformemente. Tape y deje reposar mientras se calienta el asador. (El pollo se puede refrigerar hasta por 8 horas; voltee ocasionalmente dentro de la marinada.) Rocíe la cucharada restante de aceite sobre las cabezas de ajo y sazone con sal y pimienta. Envuelva cada cabeza en papel aluminio. Reserve.

2 Ase el pollo y el ajo

Prepare un asador de gas o carbón para asar indirectamente sobre fuego alto (vea la página 97 para más detalles). Engrase ligeramente la parrilla del asador con aceite. Retire el pollo de la marinada y coloque, con la piel hacia abajo, sobre la parrilla. Coloque el ajo junto al pollo. Tape y ase durante 25 minutos. Voltee el pollo, vuelva a tapar y continúe asando aproximadamente 25 minutos más, hasta que un termómetro de lectura instantánea insertado en la parte más gruesa del muslo (pero sin tocar el hueso) registre 77ºC (170º F) y el ajo se sienta suave al presionarlo. Algunos minutos antes de que el pollo esté listo tueste el pan sobre la zona más caliente del asador, volteando una sola vez. Pase el pollo y el ajo a una tabla de picar, deje reposar 5 minutos y corte el pollo en piezas. Sirva acompañando con las cabezas de ajo y el pan. Los comensales deberán exprimir el ajo para sacarlo de su piel apapelada y untarlo sobre el pan.

Pollo entero, 1, aproximadamente 2 kg (4 lb), cortado en mariposa

Vino blanco seco, ½ taza (125 ml/4 fl oz)

Ralladura y jugo de limón, de 1 limón grande

Aceite de oliva, 3 cucharadas

Chalote, 1 grande, picado

Mostaza de grano entero, 1 ½ cucharada

Romero fresco, 1 cucharada, finamente picado

Sal y pimienta recién molida

Ajo, 4 cabezas, cortando 12 mm (½ pulg) de su parte superior

Pan campestre, 4 rebanadas

4 PORCIONES

67

haga más
para almacenar

filete de falda a la parrilla

Vino tinto con cuerpo, 1 taza (250 ml/8 fl oz)

Salsa de soya, ⅓ taza (80 ml/3 fl oz)

Aceite de canola, ¼ taza (60 ml/2 fl oz)

Ajo, 4 dientes, picados grueso

Pimienta recién molida

Filetes de falda, 2, de aproximadamente 750 g (1 ½ lb) cada uno

DE 4 A 6 PORCIONES

rinde 2 filetes de falda en total

Ase dos filetes de falda en vez de uno y tendrá carne adicional para por lo menos dos comidas más. Usado en sándwiches, ensaladas, como plato principal o tacos suaves, el filete de falda es ideal para una gran variedad de platillos.

1 Marine los filetes

En un refractario poco profundo de material no reactivo mezcle el vino con la salsa de soya, ajo y ½ cucharadita de pimienta. Agregue los filetes de falda y voltee para cubrir uniformemente. Tape y deje reposar una hora o refrigere, moviendo ocasionalmente, hasta por 8 horas.

2 Ase los filetes

Prepare un asador de gas o carbón para asar directamente sobre fuego alto (vea la página 97 para más detalles). Engrase ligeramente la parrilla con aceite. Coloque los filetes sobre la parrilla y tape. Ase 8 ó 10 minutos para término medio-rojo, volteando una sola vez. Los filetes deben sentirse ligeramente más firmes que cuando estaban crudos al presionarlos en la parte más gruesa. Pase los filetes a un platón y deje reposar 3 ó 5 minutos. Rebane finamente un filete en contra del grano y sirva. Reserve el otro filete para usar en otra comida.

para almacenar

Para almacenar el otro filete, déjelo
enfriar a temperatura ambiente,
envuelva herméticamente en papel
aluminio o plástico adherente y
refrigere hasta por 2 días. Si desea
obtener los resultados más
suculentos y suaves no rebane el
filete frío hasta el momento de
servir y después, usando un cuchillo
filoso y grande para chef, rebane
finamente en contra del grano
en diagonal.

sugerencia del chef

La mayonesa de rábano picante proporciona un sabor sazonado a estos sándwiches. También se puede usar en hamburguesas o en sándwiches de roast beef o como una salsa de remojo para verduras crudas. Prepare una ración doble o triple y almacene el sobrante en un recipiente hermético en el refrigerador hasta por 2 meses.

sándwiches de filete y jitomate

1 **Prepare los sándwiches**

En un tazón pequeño mezcle la mayonesa con el rábano picante. Rebane finamente el filete en contra del grano. Unte la mezcla de mayonesa generosamente sobre cada rebanada del pan. Divida el filete, jitomates y lechuga entre 4 rebanadas de pan, cubra con las rebanadas de pan restantes y sirva.

Filete de Falda a la Parrilla (pagina 70), ½ filete

Mayonesa, ½ taza (120 ml/ 4 fl oz)

Rábano picante preparado, 2 cucharadas

Pan campestre, 8 rebanadas

Jitomates, 2, rebanados grueso

Lechuga de hoja roja, 4 hojas grandes

4 PORCIONES

ensalada de filete con arúgula y queso pecorino

Filete de Falda a la Parrilla (pagina 70), ½ filete

Vinagre de vino tinto, 1½ cucharada

Chalote, 1, finamente picado

Sal y pimienta recién molida

Aceite de oliva, ⅓ taza (80 ml/3 fl oz)

Arúgula (rocket), 315 g (10 oz), sin tallo

Jitomates cereza o uva, 500 g (1 lb), partidos a la mitad

Queso pecorino romano o parmesano, una rebanada de 125 g (¼ lb)

DE 4 A 6 PORCIONES

1 Prepare la vinagreta de chalote
En un tazón bata el vinagre con el chalote, ½ cucharadita de sal y ¼ cucharadita de pimienta. Integre gradualmente el aceite, batiendo.

2 Prepare la ensalada
Rebane finamente en contra del grano. En un tazón grande mezcle la arúgula, jitomates y filete. Añada la vinagreta y mezcle. Usando un pelador de verduras haga rizos con el queso pecorino y coloque sobre la ensalada. Divida entre platos grandes y sirva.

sugerencia del chef

Usted puede hacer la vinagreta hasta con 5 días de anticipación y almacenar en un recipiente hermético en el refrigerador. Agite o bata bien antes de usar. También es un buen "aderezo casero" que puede complementar prácticamente cualquier ensalada de hortalizas mixtas, por lo que recomendamos hacer una ración doble para tener a la mano.

sugerencia del chef

Cuando no tenga tiempo para
preparar su propio guacamole o
salsa puede encontrar guacamole
preparado y salsa mexicana de
jitomate de buena calidad en la
sección de refrigerados del
supermercado.

tacos de filete con guacamole

1 **Caliente las tortillas y el filete**
Precaliente el horno a 180°C (350°F). Apile las tortillas, envuelva en papel aluminio y coloque en el horno cerca de 10 minutos, hasta que estén calientes. Rebane el filete finamente en contra del grano, envuelva en papel aluminio y caliente en el horno durante los últimos 5 minutos de calentamiento de las tortillas.

2 **Prepare el guacamole**
Mientras tanto, en un tazón y usando un tenedor presione el aguacate con la salsa y jugo de limón. Sazone con sal y pimienta. Pase a un tazón de servicio.

3 **Sirva los tacos**
Desenvuelva las tortillas y coloque en una canasta cubierta con una servilleta. Desenvuelva el filete y acomode sobre un plato. Coloque la lechuga en un tazón. Lleve el filete, tortillas, guacamole y lechuga a la mesa y deje que los comensales preparen sus propios tacos.

Filete de Falda a la Parrilla (pagina 70), ½ filete

Tortillas de maíz, 12

Aguacates, 2, partidos a la mitad, sin hueso ni piel

Salsa de jitomate, 1 taza (250 ml/8 fl oz)

Jugo de limón fresco de 1 limón agrio

Sal y pimienta recién molida

Lechuga orejona (cos), ½ cabeza pequeña, rebanada finamente (cerca de 2 tazas/90 g/3 oz)

4 PORCIONES

77

brochetas de
verduras primavera

Vino blanco seco, ½ taza
(125 ml/4 fl oz)

Sal y pimienta recién molida

Aceite de oliva, ¼ taza (60
ml/2 fl oz)

Berenjena (aubergine),
pequeña, aproximadamente
250 g (½ lb), limpia y cortada
en trozos

Calabacitas (courgettes), 2,
limpias y cortadas en trozos

Calabazas amarillas, 2,
limpias y cortadas en trozos

Cebolla morada, 1, partida
longitudinalmente en cuartos y
separada en rebanadas de
doble grueso

Pimiento (capsicum) rojo, 1,
sin semillas y cortado en
trozos grandes

Hongos cremini,
16 grandes, limpios

Pesto, 2 cucharadas,
comprado

4 PORCIONES

rinde 8 brochetas en total

Las verduras frescas son una alternativa saludable y deliciosa
para la carne si se hacen en brochetas asadas. Ligeramente
marinadas y ahumadas en el asador, esas verduras también
se pueden usar como base para algunas otras comidas.

1 Prepare el asador

Prepare un asador de gas o carbón para asar
directamente sobre fuego alto (vea la página 97 para más
detalles). Remoje 8 pinchos de bambú largos para brocheta
cubriendo con agua mientras se calienta el asador y escurra
justo antes de usar.

2 Prepare las verduras

En un tazón grande bata el vino con ½ cucharadita de
sal y ½ cucharadita de pimienta. Integre gradualmente el
aceite, batiendo. Añada la berenjena, calabacita, calabaza
amarilla, rebanadas de cebolla, pimiento, hongos y mezcle
con cuidado para cubrir uniformemente. Deje reposar 5
minutos. Inserte las verduras en brochetas dividiendo la
berenjena, calabacita, calabaza amarilla, cebolla morada,
pimiento y hongos uniformemente entre las brochetas. Vierta
la marinada restante en un tazón más pequeño.

3 Ase las brochetas

Engrase ligeramente la parrilla con aceite. Coloque las
brochetas sobre la parrilla y tape. Ase 8 ó 10 minutos,
volteando conforme sea necesario para cocinar uniformemente
y barnice de vez en cuando con la marinada reservada, hasta
que las verduras estén suaves. Sirva 4 de las brochetas,
rociándolas con el pesto. Reserve las 4 brochetas restantes
para otra comida (vea Para Almacenar a la derecha).

para almacenar

Para almacenar las verduras, retírelas de las brochetas y deje enfriar a temperatura ambiente. Almacene en un recipiente hermético y refrigere hasta por 3 días. No se congelan bien.

sugerencia del chef

Prácticamente cualquier pasta
tubular como el ziti o el penne se
puede servir con esta salsa
sustanciosa y rústica. Se
recomiendan estas pastas debido a
que sus orificios atrapan trozos de
las verduras de manera que cada
bocado incluye pasta y salsa.

rigatoni con queso de cabra y verduras

1 Prepare las verduras

En una olla grande ponga agua ligeramente salada y hierva. Mientras tanto, en una sartén grande sobre fuego medio caliente el aceite. Agregue el ajo y saltee cerca de un minuto, hasta que aromatice. Agregue los jitomates y cocine cerca de 3 minutos, moviendo a menudo, hasta que suelten su líquido. Agregue las verduras picadas y cocine cerca de 5 minutos, moviendo con frecuencia, hasta que se calienten. Sazone con sal y pimienta. Reduzca el fuego a bajo para mantener calientes.

2 Cocine la pasta

Agregue el rigatoni al agua hirviendo y cocine, moviendo a menudo, cerca de 10 minutos o de acuerdo a las instrucciones del paquete. Reserve ½ taza (125 ml/4 fl oz) del agua de cocimiento y escurra la pasta.

3 Finalice el platillo

Vuelva a colocar la pasta escurrida en su olla. Agregue la mezcla de verduras, queso de cabra y albahaca. Mezcle hasta integrar agregando algunas cucharadas del agua de cocimiento para diluirla si fuera necesario. Cocine brevemente sobre fuego bajo para mezclar los sabores y sirva. Acompañe a la mesa con el queso parmesano.

Brochetas de Verduras Primavera (página 78), 4 brochetas, retirando las verduras y picando grueso

Aceite de oliva, 3 cucharadas

Ajo, 2 dientes, finamente picados

Jitomates cereza, 500 g (1 lb), partidos a la mitad

Sal y pimienta recién molida

Rigatoni, 500 g (1 lb)

Queso de cabra fresco, 1 taza (125 g/4 oz), desmoronado

Albahaca fresca, ¼ taza (10 g/⅓ oz), finamente picado

Queso parmesano, 1 taza (125 g/4 oz), recién rallado

DE 4 A 6 PORCIONES

ragout de verduras y salchichas con polenta

Brochetas de Verduras Primavera (página 78), 4 brochetas, retirando las verduras y picando grueso

Aceite de oliva, 3 cucharadas

Salchicha italiana ahumada, 2, rebanadas

Ajo, 1 diente, finamente picado

Jitomates, 3 grandes, sin semillas y en dados

Caldo de pollo, ½ taza (125 ml/4 fl oz)

Sal y pimienta recién molida

Leche, 1 ½ taza (375 ml/ 12 fl oz)

Polenta instantánea, ¾ taza (170 g/5 ½ oz)

Mantequilla sin sal, 3 cucharadas

Salvia fresca, 2 cucharadas, finamente picada

4 PORCIONES

1 Prepare el ragout

En una sartén sobre fuego medio caliente el aceite. Agregue las rebanadas de salchicha y saltee cerca de 3 minutos, hasta dorar. Agregue el ajo y saltee cerca de un minuto, hasta que aromatice. Añada los jitomates y cocine cerca de 3 minutos, moviendo a menudo, hasta que suelten su jugo. Agregue las verduras picadas y cocine cerca de 5 minutos, moviendo con frecuencia, hasta que estén bien calientes. Incorpore el caldo y sazone con sal y pimienta. Reduzca el fuego a bajo para mantener el ragú caliente.

2 Prepare la polenta

En una olla sobre fuego alto mezcle la leche, 1 ½ taza (375 ml/12 fl oz) de agua y ¾ cucharadita de sal y hierva. Integre la polenta batiendo, vuelva a hervir y reduzca el fuego a bajo. Cocine cerca de 5 minutos, batiendo a menudo, hasta que la polenta haya espesado. Retire del fuego, tape herméticamente y mantenga caliente.

3 Prepare la mantequilla de salvia

En una olla pequeña sobre fuego medio-bajo derrita la mantequilla. Agregue la salvia y cocine cerca de 2 minutos, hasta que la mantequilla se impregne con el sabor de la salvia. Retire del fuego. Usando una cuchara pase la polenta a tazones y cubra con el ragú. Bañe con la mantequilla de salvia y sirva.

sugerencia del chef

Para retirar fácil y rápidamente las semillas de los jitomates, córtelos transversalmente a la mitad, detenga cada mitad con el lado cortado hacia abajo sobre un tazón y exprima suavemente para retirar las semillas, desprendiéndolas con su dedo si fuera necesario.

sugerencia del chef

Para agilizar la preparación de este
platillo, si usted tiene 2 sartenes
grandes puede cocinar 4
quesadillas al mismo tiempo y
tener la cena lista más rápido. Las
quesadillas se pueden hacer con
todo tipo de rellenos. Experimente
con pollo deshebrado o filete
rebanado sobrante, frijoles y algún
queso que se derrita con facilidad.

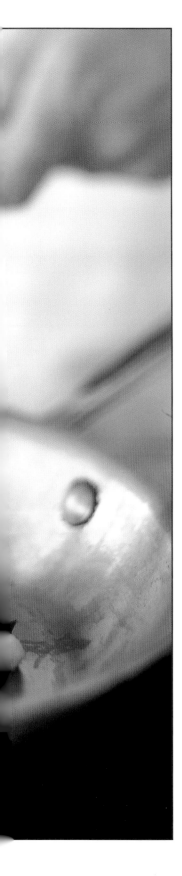

quesadillas
de verduras

1 Prepare las quesadillas

Extienda las tortillas uniformemente sobre una superficie de trabajo. Divida el queso y las verduras picadas proporcionalmente entre las tortillas, espolvoreando la mitad de cada tortilla uniformemente con el queso y después con las verduras. Doble cada tortilla a la mitad para cubrir el relleno y presione firmemente. Apile las quesadillas sobre un plato y reserve. Precaliente el horno a 95°C (200°F). Precaliente una sartén grande sobre fuego medio hasta que esté muy caliente.

2 Cocine las quesadillas

Barnice la sartén ligeramente con aceite. Coloque 2 quesadillas en la sartén. Cocine cerca de 2 minutos por su lado inferior hasta que estén ligeramente doradas. Voltee y tueste cerca de 2 minutos más por el otro lado. Pase a un refractario y mantenga calientes en el horno. Repita la operación con las además quesadillas barnizando la sartén con aceite entre cada tanda. Corte cada quesadilla en rebanadas. Espolvoree con el cilantro y sirva. Acompañe a la mesa con el pico de gallo.

Brochetas de Verduras Primavera (página 78), 4 brochetas, retirando las verduras y picando grueso

Tortillas de harina, 8, de aproximadamente 20 cm (8 pulg) de diámetro

Queso pepper jack, Monterey Jack o manchego, 2 tazas (250 g/8 oz), rallado

Aceite de canola, aproximadamente 1 cucharada

Cilantro fresco, 3 cucharadas, para adornar

Pico de gallo, 1 taza (250 ml/8 fl oz)

4 PORCIONES

clásico pollo entero a la parrilla

Pollos enteros, 2, de aproximadamente 2 kg (4 lb) cada uno, sin pescuezo ni vísceras

Aceite de oliva, 3 cucharadas

Orégano seco, 1 cucharada

Sal y pimienta recién molida

4 PORCIONES

rinde 2 pollos en total

El pollo perfectamente asado tiene una piel crujiente y una carne suculenta. En esta receta usted cocina dos pollos de manera que pueda servir uno y almacenar el otro para usar en las recetas de las siguientes páginas.

1 Prepare los pollos

Prepare un asador de gas o carbón para asar indirectamente sobre fuego alto (vea la página 97 para más detalles). Barnice la parte exterior de cada pollo con aceite y espolvoree con el orégano. En un tazón pequeño mezcle 1 ½ 2 cucharadita de sal y ¾ cucharadita de pimienta y sazone cada pollo por dentro y por fuera con la mezcla. Deje reposar mientras el asador se calienta.

2 Ase los pollos

Engrase ligeramente la parrilla con aceite. Coloque los pollos en una parrilla puesta sobre una sartén para contener los escurrimientos y tape el asador. Ase durante 45 minutos, rotando los pollos ocasionalmente para asegurar un dorado uniforme. (Si usa un asador de carbón agregue 12 briquetas más en este punto para mantener el fuego alto.) Continúe asando cerca de 30 minutos más, hasta que un termómetro de lectura instantánea insertado en la parte más gruesa del muslo (pero sin tocar el hueso) registre los 77°C (170°F). Retire del asador y deje reposar durante 10 minutos. Parta un pollo y sirva. Reserve el pollo restante para otra comida (vea Para Almacenar a la derecha).

para almacenar

Para almacenar el pollo entero, deje enfriar a temperatura ambiente, envuelva herméticamente en plástico adherente y refrigere hasta por 2 días; o retire la carne desechando la piel y los huesos (o resérvelos para hacer caldo); debe tener cerca de 2 tazas (500 g/1 lb) de carne. Almacene en uno o más recipientes herméticos y congele hasta por 3 meses.

sugerencia del chef

Para preparar otra comida, prepare
los sándwiches con su chutney
preferido, queso Cheddar fuerte y
manzana verde finamente rebanada
en lugar del pesto, queso
mozzarella y pimientos (capsicums)
rojos y omita la arúgula (rocket).
Esta versión es deliciosa si se usa
pan integral.

panini de pollo con pesto y mozzarella

1 Prepare los sándwiches

Unte el pesto sobre las rebanadas de pan. En cada sándwich coloque 2 rebanadas de queso mozzarella, la mitad del pimiento, del pollo y de la arúgula y 2 rebanadas más de queso mozzarella.

2 Refrigere los sándwiches

Unte el exterior de cada sándwich con la mitad de la mantequilla. Coloque los sándwiches sobre una hoja de papel encerado y refrigere cerca de 20 minutos, hasta que la mantequilla esté firme.

3 Cocine los sándwiches

Precaliente una sartén acanalada para freír o asar sobre fuego medio hasta que esté bien caliente. Coloque los sándwiches en la sartén y presione hacia abajo poniendo otra sartén sobre ellos. Cocine cerca de 2 ½ minutos, hasta dorar el lado inferior. Voltee, presione los sándwiches una vez más y cocine cerca de 2 ½ minutos más, hasta dorar por el otro lado. Corte los sándwiches a la mitad y sirva.

Clásico Pollo Entero a la Parrilla (página 86), la carne de la pechuga, cortada en 6 rebanadas (aproximadamente 155 g/5 oz en total)

Pesto, 3 cucharadas, comprado

Pan blanco crujiente para sándwich, 4 rebanadas

Queso mozzarella fresco, 155 g (5 oz), cortado en 8 rebanadas delgadas

Pimiento (capsicum) rojo asado, en vinagre, 1 pequeño, partido a la mitad

Arúgula (rocket), 185 g (6 oz), sin tallos

Mantequilla sin sal, 3 cucharadas, a temperatura ambiente

2 PORCIONES

ensalada
cobb de pollo

Clásico Pollo Entero a la Parrilla (página 86), 2 ½ tazas (500 g/1 lb) de carne, picada grueso

Tocino, 6 rebanadas, picado

Huevos, 2

Vinagre de vino tinto, 2 cucharadas

Mostaza de Dijon, 1 cucharadita

Ajo, 1 diente, finamente picado

Sal y pimienta recién molida

Aceite de oliva, ½ taza (125 ml/4 fl oz)

Hortalizas mixtas para ensalada, aproximadamente 375 g (¾ lb)

Queso gorgonzola o algún otro queso azul, 125 g (¼ lb), desmoronado (1 taza)

Aguacates, 2, partidos a la mitad, sin piel y rebanados

Jitomates, 2, sin semillas y picados

DE 4 A 6 PORCIONES

1 Cocine el tocino

En una sartén sobre fuego medio-alto fría el tocino cerca de 5 minutos, moviendo ocasionalmente, hasta que esté crujiente y dorado. Pase a toallas de papel para escurrir y dejar enfriar.

2 Cueza los huevos

En una olla pequeña ponga los huevos, cubra con agua y ponga sobre fuego medio. En cuanto suelte el hervor retire la olla del fuego y tape. Deje reposar durante 10 minutos. Escurra el agua de la olla, coloque los huevos debajo del chorro de agua fría hasta que estén lo suficientemente fríos para poder tocarlos. Retire el cascarón y rebane.

3 Prepare la vinagreta

En un tazón pequeño bata el vinagre con la mostaza, ajo, ¼ cucharadita de sal y ¼ cucharadita de pimienta. Integre gradualmente el aceite, batiendo. En un tazón grande mezcle las hortalizas para ensalada con la vinagreta. Acomode el pollo, Gorgonzola, rebanadas de aguacate, jitomates, tocino y huevo sobre las hortalizas y sirva.

sugerencia del chef

Para ahorrar un poco de tiempo use
una vinagreta embotellada de
buena calidad en lugar de la hecha
en casa. Puede variar los
ingredientes de la ensalada usando
salami rebanado, jamón en cubos o
pavo ahumado en rebanadas en
lugar del pollo y el tocino.

sugerencia del chef

Las tortillas de maíz ligeramente viejas retendrán mejor su forma que las frescas y suaves en este platillo. Si sólo tiene tortillas frescas, déjelas reposar sin tapar a temperatura ambiente aproximadamente 8 horas. Si no cuenta con el tiempo suficiente, colóquelas directamente sobre la rejilla de horno durante 10 minutos mientras se precalienta.

budín de enchiladas verdes

1 **Prepare la salsa de tomate**
Precaliente el horno a 200°C (400°F). En una sartén grande sobre fuego medio caliente una cucharada del aceite. Agregue la cebolla y saltee cerca de 5 minutos, hasta suavizar. Agregue el ajo y el chile; saltee cerca de un minuto, hasta que aromatice. Pase a un procesador de alimentos, agregue los tomates y cilantro y procese hasta obtener un puré. Vuelva a colocar la sartén sobre fuego medio, agregue la cucharada restante de aceite y agregue la salsa de tomate. Hierva y cocine vigorosamente cerca de 5 minutos, hasta que la salsa se reduzca un poco. Reserve.

2 **Arme las enchiladas**
Engrase ligeramente con aceite un refractario de 23 x 33 cm (9 x 13 pulg). En una sartén antiadherente colocada sobre fuego medio saltee el pollo cerca de 3 minutos, a entibiar. Usando una cuchara agregue ½ taza (125 ml/4 fl oz) de la salsa de tomate al refractario. Cubra el refractario con 5 de las tortillas en una capa uniforme, rompiéndolas conforme sea necesario para acomodarlas. Cubra con la mitad del pollo, espolvoree con ¾ taza (90 g /3 oz) del queso y bañe con una tercera parte de la salsa restante. Repita la operación colocando 5 tortillas más, el pollo restante, ¾ taza del queso y la mitad de la salsa restante. Termine con las tortillas restantes, salsa y queso. Vierta la crema uniformemente sobre la superficie.

3 **Hornee las enchiladas**
Hornee cerca de 20 minutos, hasta que el queso se derrita y se empiece a dorar y la salsa burbujee alrededor de las orillas. Deje reposar durante 5 minutos y sirva.

Clásico Pollo Entero a la Parrilla (página 86), 2 ½ tazas (500 g/1 lb) de carne, picada grueso

Aceite de canola, 2 cucharadas

Cebolla amarilla o blanca, 1 grande, picada

Ajo, 2 dientes, picados

Chile jalapeño, 1, sin semillas y picado

Tomate verde, 2 latas (875 g /28 oz), escurridos

Cilantro fresco, ¼ taza (10 g/⅓ oz), picado

Tortillas de maíz, 15, ligeramente viejas

Queso Monterey Jack o manchego, 2 tazas (250 g/8 oz), rallado

Crema espesa, ½ taza (125 ml/4 fl oz)

6 PORCIONES

93

el cocinero inteligente

El secreto para hacer del asado a la parilla un hábito en su vida ocupada no es una cuestión de técnica sino de un cocinero inteligente. Usted puede dominar las técnicas básicas para usar un asador de gas o carbón con sólo un poco de práctica. Sin embargo, lo que necesita son recetas sencillas pero ingeniosas como las que se presentan en este libro, una despensa bien surtida y un plan semanal de comidas.

En estas páginas encontrará las estrategias para administrar su comida y llevar deliciosos alimentos asados a la mesa en cualquier día de la semana. Mantenga su despensa bien surtida y ase a la parrilla porciones adicionales durante el fin de semana así podrá pasar menos tiempo comprando y preparando sus alimentos, además tendrá más tiempo para disfrutarlos con su familia durante la semana. Organización significa mejores alimentos con menos preocupación y eso significa ser un cocinero inteligente.

temas básicos para asar

Asar es una forma sencilla de cocinar y proporciona deliciosos sabores que sólo son posibles cuando los alimentos se exponen al fuego en un asador a la intemperie. Una vez que sea un experto en ciertas técnicas básicas usted podrá preparar cualquier receta de este libro y crear grandiosos platillos asados por sí mismo. Pero antes de empezar a cocinar recuerde que existen más formas de asar que simplemente colocar alimentos directamente sobre el fuego.

encienda el fuego

Empiece la preparación de su comida marinándola y sazonándola (si no lo hizo con anterioridad). Posteriormente prenda el asador y haga el resto de su trabajo de preparación mientras éste se calienta. Siempre asegúrese de que la parrilla del asador esté limpia antes de cocinar.

Los asadores de gas se deberán precalentar por lo menos durante 15 minutos siguiendo las instrucciones del fabricante. El precalentado es esencial cuando use un asador de gas o de lo contrario los alimentos no se dorarán de manera adecuada.

Los asadores de carbón son tan fáciles de usar como los asadores de gas y proporcionan a los alimentos un sabor ahumado. Siga las siguientes instrucciones:

▪ **Use un encendedor de chimeneas** para encender los carbones de manera rápida y sin tener que usar líquido para encender, el cual puede proporcionar a los alimentos un sabor desagradable. Apile algunas hojas de periódico arrugado en la base del encendedor de chimenea y llene con carbón. Encienda el periódico y vigile durante unos cuantos minutos para asegurarse de que los carbones de la base empiecen a brillar. Después de aproximadamente 15 minutos todos los carbones deben brillar. Usando un guante térmico vacíe los carbones en una pila uniforme sobre la rejilla para la fogata. Coloque la parrilla del asador en su lugar y espere aproximadamente 10 minutos, hasta que algunos carbones se cubran con una ceniza blanca.

▪ **El carbón** se vende en briquetas y en trozos. Las briquetas, hechas de trozos de carbón pulverizado y adhesivos tienen la misma forma y producen un calor uniforme. El carbón en trozo natural se quema y se desbarata más rápido por lo que deberá reservarlo para alimentos de cocción rápida. En ambos casos permita que las cenizas se enfríen hasta el día siguiente antes de desecharlas.

CONSEJOS PARA ASAR

prepare en la mañana Cuando planee usar su asador, revise su despensa y prepare el asador para que tenga menos que hacer a la hora de cocinar.

limpie la parrilla Use un cepillo de alambre con un aditamento para raspar y así limpie la parrilla del asador dos veces: una antes de empezar a cocinar para retirar la grasa acumulada y otra vez después de cocinar mientras la rejilla aún está caliente y es más fácil de limpiar. Justo antes de colocar los alimentos sobre la parrilla, tome una toalla de papel, dóblela y sujétela con unas pinzas, remójela en aceite vegetal y use para engrasar ligeramente la parrilla.

evite las flamas Las flamas, las cuales se encienden cuando hay escurrimientos de grasa de los alimentos sobre el fuego, pueden proporcionar un sabor y apariencia desagradable. Si se encienden, pase los alimentos a la zona menos caliente del asador y asegúrese de que el asador esté tapado herméticamente.

deje reposar Permita que los alimentos asados reposen brevemente antes de servirlos, por lo general 5 minutos para las carnes o pollo y 3 minutos para pescados y mariscos. Esto permite que los jugos se redistribuyan por los alimentos proporcionando una humedad más uniforme.

▦ Nunca deje un asador desatendido.

▦ Tenga un extinguidor de fuego a la mano.

▦ Para evitar contaminación de los ingredientes crudos, no use sobrantes de marinadas como salsa y no barnice con ella durante los últimos 5 minutos de cocción. Por el contrario, haga una marinada adicional y resérvela para barnizar o como salsa para llevar a la mesa.

▦ Coloque los alimentos asados sobre un platón limpio en vez de volver a colocarlos en el platón que uso para llevarlos al asador.

Reúna sus utensilios y provisiones para asar y guárdelos cerca del asador para que no tenga que buscarlos al momento de cocinar.

cepillo para barnizar

guantes extra largos para horno

tenedor para asar

rejilla (rejilla perforada)

termómetro de lectura instantánea

espátula mango largo con cuchilla ancha

pinzas de mango largo

botella en aerosol para apagar flamazos

lámpara manual para asar en la noche

cepillo de alambre con raspas

carbón adicional o propano

trocitos de madera

regule el calor

Regule el calor ajustando la ventilación para controlar la cantidad de oxígeno en un fuego de carbón (entre más oxígeno haya el fuego estará más fuerte), o girando las perillas de un asador de gas. Para determinar el calor de un fuego, coloque la palma de su mano hacia abajo, aproximadamente a 10 cm (4 pulg) sobre el fuego (el punto en donde se cocinarán los alimentos). Para fuego alto, usted deberá poder mantener la palma de su mano en esa posición únicamente 2 ó 3 segundos; para fuego medio-alto, de 5 a 6 segundos y para fuego medio o bajo, durante 8 segundos o más.

asado a fuego directo

Este método es el más conocido por los cocineros a la parrilla, cocinando los alimentos directamente sobre fuego alto. Funciona bien para porciones pequeñas que se cocinarán en 20 minutos o menos sin quemarse, como los filetes y costillas.

asado a fuego indirecto

Los cortes grandes de carne y los pollos enteros necesitan una cocción larga y relativamente lenta usando el método de asado indirecto. El fuego se concentra en uno de los lados del asador, mientras que una sartén para contener los escurrimientos (que puede ser un molde de papel aluminio para hornear) se coloca a un lado para recoger la grasa y los jugos. Cuando los alimentos se ponen sobre la sartén para escurrimientos y el asador se cierra, estos se cocinan con el calor radiado. Pueden agregarse trocitos de madera al fuego para obtener un sabor ahumado.

el método inclinado

Un asador de carbón o gas se enciende muy alto y puede producir flamazos y quemaduras. Sin embargo, si el fuego tiene dos zonas con diferente intensidad de calor, una caliente y concentrada y una menos caliente y dispersa, los alimentos se pueden sellar sobre la zona caliente y pasarse a la zona menos caliente para terminar la cocción. O puede cocinar parte de la comida sobre la zona elegida y asar otro alimento sobre el otro lado. Simplemente extienda los carbones con cierta inclinación en un asador de carbón; el calor más fuerte saldrá del lado más alto. Para un asador de gas, encienda un quemador a fuego alto y los demás a fuego bajo.

prepare el sabor

La mayoría de los alimentos se pueden marinar o sazonar en la mañana para que se puedan asar para la hora de la comida o cena.

▦ **Las marinadas** a menudo contienen un ingrediente ácido como jugo de limón, vinagre o vino que les ayuda a suavizar y agregar sabor a la superficie de los alimentos. La mayoría de las carnes y pollo se deben marinar por lo menos durante 15 minutos o hasta por 8 horas. La mayoría de los pescados y mariscos se deben marinar menos de 20 minutos o se harán aguados además de que el ácido de la marinada puede "cocerlos". Marine los alimentos en recipientes de vidrio o cerámica o en bolsas de plástico con cierre hermético, nunca en recipientes de bronce, aluminio o fierro, ya que pueden impartir un sabor metálico.

▦ **Los untos secos** están hechos de mezclas de hierbas y/o especias que se untan sobre los alimentos antes de asarlos. Para obtener el mejor sabor, muela los ingredientes en polvo fino en un mortero o molino de especias.

▦ **Los sazonadores en pasta** mezclan hierbas y/o especias con ingredientes húmedos, (ej. ajo y aceite). Puede hacerlas en licuadora o procesador de alimentos.

▦ **Las salsas y glaseados para barnizar,** como "barbecue", por lo general, contienen azúcar la cual se carameliza, formando una película atractiva y agregando sabor. Se barnizan sobre los alimentos durante los últimos minutos de la cocción de manera que el azúcar no tenga tiempo de quemarse. Para obtener más sabor, use un manojo de hierbas frescas como el romero como brocha para barnizar.

▦ **Los trocitos de madera,** por lo general hechos de maple, aliso, nogal americano, manzano o mesquite, que se venden con los implementos para parrilladas y carbón, dan un sabor ahumado a los alimentos asados. Remoje los trocitos de madera en agua caliente durante 30 minutos y escurra antes de usarlos.

PARA LOS ASADORES DE GAS coloque trocitos de madera en papel aluminio colocado sobre la fuente de calor del asador de temperatura alta. Cuando empiecen a humear, agregue un puño de trocitos remojados y escurridos, y puños adicionales en intervalos de 45 minutos para los alimentos de cocción larga.

PARA LOS ASADORES DE CARBÓN, espolvoree 3 ó 4 puños de trocitos de madera remojados y escurridos directamente sobre el carbón caliente. Agregue más trocitos en intervalos de 45 minutos.

La mayoría de las recetas de este libro se pueden preparar dentro de la casa si no tiene el tiempo suficiente o si el clima no es el adecuado para asar a la intemperie. Sin embargo, para cualquiera de los métodos que elija de los que mostramos a continuación es importante que tenga una ventilación adecuada en su cocina

sartén para asar Diseñada para usar sobre la estufa, estas sartenes gruesas tienen bases acanaladas que hacen marcas atractivas de asado y permiten que la grasa se escurra. Muchas también tienen superficies antiadherentes que facilitan la limpieza. Precaliente las sartenes para asar sobre fuego medio-alto durante varios minutos antes de agregar los alimentos.

sartenes eléctricas para asar Con un diseño similar a las sandwicheras eléctricas, estos aparatos de mesa asan ambos lados de los alimentos al mismo tiempo. Sus superficies acanaladas hacen agradables marcas de asado. Algunos modelos tienen una bisagra que les permite cocinar alimentos de diferentes gruesos.

asador del horno Precaliente por lo menos 15 minutos antes de usar. Si lo desea, coloque una rejilla de hierro forjado en el asador antes de precalentarlo. De esta forma los alimentos se sellarán más rápido ya que se cocinan por ambos lados al mismo tiempo. Cuide los alimentos mientras se cocinan; se pueden quemar fácilmente.

asador de chimenea Estas rejillas pequeñas diseñadas para cocinar sobre las brasas de una chimenea están volviéndose muy populares y son una buena opción para asar dentro de casa durante el invierno. Muchos vienen con una parrilla ajustable de manera que usted puede ariar la distancia del fuego.

aproveche su tiempo al máximo

Asar puede ser un poco más tardado que las demás técnicas de cocina, pero si usted se organiza bien en la cocina y en la tienda podrá disfrutar de maravillosos alimentos asados en cualquier momento.

- **Abastézcase.** En el fin de semana revise su alacena o refrigerador para checar los alimentos básicos que necesitará durante la semana. Cuando use un artículo, sustitúyalo la siguiente vez que vaya de compras.

- **Compre menos.** Si ya hizo un plan semanal de comidas, únicamente tendrá que hacer la compra dos o tres veces a la semana.

- **Hágalo por adelantado.** Haga todo lo que pueda por anticipado. Por ejemplo: haga marinadas, rebane las verduras o la carne, prepare las brochetas o reúna los ingredientes y prepare el asador en la mañana para ahorrar tiempo.

- **Duplique.** Haga más para el día siguiente. Vea las recetas básicas y recetas para el día siguiente en "Haga Más para Almacenar" para tener más ideas. O, después de que sus alimentos se hayan cocido, use un asador caliente para cocinar verduras para otra comida.

use ingredientes para atajos

Cuando se trata de asar puede ahorrar tiempo comprando ingredientes preparados en alguna tienda. Esto le facilitará trabajo en la cocina. Presentamos algunos ejemplos:

- **Brochetas preparadas** Busque brochetas preparadas de carne, pollo, pescados o mariscos en la carnicería o pescadería. Si no han sido sazonadas, usted puede usar su propia marinada o unto seco.

- **Aderezos embotellados para ensalada** Muchos aderezos pueden servir como marinadas, salsas para barnizar y condimentos para carne, pollo o pescado.

- **Salsas y untos** Use salsas prefabricadas como la tapenade, pesto, romesco, salsa de cacahuate y salsa barbecue para barnizar durante los últimos minutos del asado o como salsa para acompañar sus alimentos.

- **Untos secos y mezclas de hierbas** Los untos para asar con sabores asiáticos o Cajún puede encontrarlos en la sección de especias de los supermercados. También puede usar hierbas u otras mezclas sazonadas como las hierbas de Provence.

planee sus comidas

La clave para asar inteligentemente es la planeación por adelantado. Esto significa hacer un plan semanal de comidas, pensando cómo adaptar el asado a la parrilla con su horario y abastecer sus artículos de despensa, refrigerador y congelador (páginas 104-107). Con estas tareas hechas puede obtener deliciosos alimentos asados en muy poco tiempo, incluso en un día ocupado.

Durante el fin de semana haga un plan semanal de comidas. Esto le ahorrará tiempo de compras y preparación y le proporcionará la oportunidad de asar más de lo que necesita para una comida. Dependiendo de la temporada, incluya dos o más comidas asadas a la parrilla en su plan semanal. Vea los menús a la derecha para obtener más ideas y vea las recetas del capítulo "Haga Más para Almacenar" de la página 70, para planear dos comidas en un solo día de asado. Una vez que haya decidido sus menús, haga una lista de los ingredientes que necesitará para su despensa.

▨ **Haga concordar sus menús con su horario.** Una vez que haya elegido sus platos principales puede decidir en qué día servirá cada receta. Prepare las recetas de "Haga Más para Almacenar" en el fin de semana o en un día que tenga tiempo extra. Para los días más ocupados elija recetas que se puedan hacer por adelantado.

▨ **Piense en los pasos para hacer por adelantado.** Decida cuales son los pasos de cada receta que se pueden preparar por adelantado, incluyendo marinadas, salsas, cubiertas y guarniciones. Si asa algo que lleve una marinada, por lo general, puede empezar a marinarlo desde la mañana.

▨ **Deje que las estaciones sean su guía.** Elija recetas que saquen el mayor provecho de la temporada. Así los ingredientes serán más económicos, disfrutará de un mejor sabor y ahorrará dinero. Además, no importa en dónde viva, podrá hacer los platillos de este libro durante todo el año, incluso cuando el clima no sea propicio para asar a la intemperie asándolos dentro de su casa (página 99).

▨ **Aproveche su asador al máximo.** Cuando prepare un platillo asado, utilice el asador para preparar otros platillos de su comida, incluyendo una verdura, algún ingrediente para la ensalada o incluso fruta asada para el postre.

bruschetta Ase rebanadas gruesas de pan campestre, frote con ajo y espolvoree con aceite de oliva, sal gruesa y pimienta recién molida. Si lo desea, rocíe con vinagre balsámico o cubra con jitomates picados mezclados con aceite de oliva y albahaca.

ensaladas Una sencilla ensalada mixta complementa la mayoría de alimentos asados, o parta cabezas de lechuga orejona (cos) a la mitad, barnícelas ligeramente con aceite de oliva, ase ligeramente y rocíe con aderezo de queso azul. También puede asar mitades de jitomates o asar más verduras algún día para mezclar con una ensalada al día siguiente.

verduras asadas La mayoría de las verduras se pueden rebanar, mezclar con aceite de oliva, sal y pimienta y asarse sobre una malla para asar, directamente sobre la parrilla del asador o en un paquete hecho de papel aluminio (página 18). Sirva calientes o a temperatura ambiente por sí solas o rociadas con jugo de limón o vinagreta.

polenta asada Los recipientes con polenta precocida se pueden encontrar fácilmente en la mayoría del los supermercados. Corte la polenta en rebanadas de 12 mm (½ pulg) de grueso, barnice ligeramente con aceite de oliva y acomode sobre la parrilla. Ase cerca de 2 minutos por cada lado, hasta que esté ligeramente dorada y su superficie esté crujiente.

fruta Ase rebanadas gruesas de piña o ciruelas, duraznos, nectarinas o mangos maduros pero firmes, sin semillas y partidos a la mitad, volteándolos una vez, hasta que estén bien calientes. Sirva calientes o a temperatura ambiente como guarnición, o mezcle con dados de chile jalapeño, sal y pimienta para hacer una salsa rápida de fruta. Como postre, sirva calientes y cubra con yogurt o helado y galletas de amareto desmoronadas.

ejemplos de comidas

Las comidas EN MINUTOS incluyen recetas sencillas y guarniciones que se pueden hacer con alimentos básicos de la despensa y se preparan rápidamente. Las comidas PARA INVITADOS incluyen ideas para hacer reuniones sin estrés.

EN MINUTOS	PARA INVITADOS
Filete de Falda a las Hierbas con Jitomates (página 10)	**Camarones al Pesto sobre Hortalizas Mixtas** (página 26)
Arúgula (rocket) con vinagreta de vino tinto	Cangrejo con mantequilla de limón
Pasta orzo con limón	*Sauvignon Blanc*
Tacos de Camarón con Ensalada de Col (página 37)	**Filetes de Salmón con Frijoles Blancos a las Hierbas** (página 34)
Frijoles negros	Espárragos asados con láminas de queso parmesano y limón
Berenjena con Salsa de Chile Picante (página 33)	*Pinot Noir o Chardonnay*
Arroz jazmín al vapor	**Punta de Filete Marinado con Cerveza** (página 52)
Brócoli al vapor	Calabacitas asadas
Halibut y Calabacitas con Salsa Romesco (página 41)	*Cabernet Franc o Merlot*
Papas asadas al horno	**Chuletas de Ternera con Vinagreta de Jitomate** (página 29)
Pollo con Hierbas Toscanas (página 60)	Tallarines con mantequilla
Brocheta asada con jitomates	Acelga salteada con piñones
Espárragos asados	*Chianti Classico*
Chuletas de Puerco con Duraznos (página 14)	**Chuletas de Puerco con Relleno de Manzana y Salvia** (página 64)
Cuscús con piñones	Lechuga francesa con queso azul, nueces y peras
	Zinfandel o Côtes du Rhône

la cocina bien surtida

El cocinero inteligente requiere estar preparado, especialmente cuando su plan semanal de comidas incluye alimentos cocinados en un asador. Hágase el hábito de tener su despensa, refrigerador y congelador bien surtidos y organizados y tendrá una ventaja para asar en cualquier día de la semana.

En las siguientes páginas encontrará una guía de todos los ingredientes esenciales que necesita tener a la mano para preparar las recetas de este libro, así como consejos para mantener estos ingredientes frescos y la forma de almacenarlos de manera adecuada y bien organizada. Use esta guía para descubrir lo que ya tiene en su cocina y lo que tiene que cambiar y después organice un viaje a la tienda para surtirse. Por último, reserve algunas horas para ordenar su despensa. Será tiempo y esfuerzo bien remunerado, una inversión en cocina inteligente que se notará cada vez que usted cocine, ya sea a la intemperie o en su cocina.

la despensa

La despensa por lo general es un closet o una o más alacenas en la cual se almacenan las hierbas secas, especias, granos, pasta y latería así como ajo, cebollas, papas y otras verduras que no necesitan refrigeración. Asegúrese de que su despensa esté relativamente fría, seca y oscura. También deberá estar lejos del calor de la estufa, lo cual puede apresurar la descomposición.

surta su despensa

- Haga un inventario de lo que hay en su despensa.

- Retire todo de la despensa; limpie las tablas y vuelva a cubrir con papel, si fuera necesario, y organice los artículos por categoría.

- Deseche los artículos con fecha de caducidad expirada o que tengan apariencia u olor rancio o dudoso.

- Haga una lista de los artículos que tiene que sustituir o comprar.

- Compre los artículos de su lista.

- Vuelva a colocar los artículos en la despensa, y organícelos por categoría.

- Escriba la fecha de compra sobre los artículos perecederos.

- Mantenga los alimentos básicos que usa a menudo al frente de la despensa.

- Mantenga las hierbas secas y especias en recipientes separados y de preferencia en un organizador, tablas o cajón por separado para especias y hierbas.

manténgalo ordenado

- Vea las recetas de su plan semanal y revise su despensa para asegurarse que tiene todos los ingredientes que vaya a necesitar.

- Rote los artículos cuando los use, moviendo los más antiguos hacia el frente de la despensa para que se usen primero.

- Mantenga una lista de los artículos que se acabaron para que pueda sustituirlos.

SALSA BBQ

Así como las parrilladas son diferentes, desde el *clambake* de Nueva Inglaterra hasta el pecho ahumado de Texas, también las salsas tipo barbecue son diferentes. Pueden ser dulces o ácidas, espesas o ligeras, con base de jitomate o de vinagre, picosas o suaves. También siempre encontrará versiones con sabores neo-asiáticos como el jengibre y el ajonjolí (la verdadera salsa barbecue china es muy fuerte y debe usarse en pequeñas cantidades), y las marcas latinas incluyen chile. Tenga su marca favorita a la mano para untar sobre sus alimentos asados y así proporcionar un gran sabor con un mínimo esfuerzo. Refrigere los sobrantes de salsa hasta la próxima vez que ase a la parrilla.

UNTOS

La clave para asar a la parrilla es una mezcla de especias multiusos. Usted puede comprar una amplia gama de untos de especias que vienen en diferentes sabores o puede hacerlos usted mismo. Cuando encuentre uno de su agrado (como la mezcla de chile ancho y comino de la página 14, o la de hierbas toscanas de la página 60), haga una cantidad adicional y almacene en un frasco tapado en un lugar fresco y oscuro hasta por 3 meses.

hierbas secas y especias Las hierbas secas y especias empiezan a perder sabor después de 6 meses. Los mercados étnicos y tiendas de alimentos naturales a menudo venden especias y hierbas secas a granel. Por lo general, son más frescas y económicas que sus contrapartes empacadas que se venden en los supermercados. Compre en pequeñas cantidades, almacénelas en recipientes herméticos etiquetados con la fecha de compra y sustitúyalas a menudo.

aceites Las botellas cerradas de aceite se pueden almacenar en un lugar fresco y oscuro hasta por un año, pero su sabor disminuye con el tiempo. Almacene las botellas abiertas durante 3 meses a temperatura ambiente o hasta varios meses en el refrigerador.

granos y pasta Almacene los granos en recipientes herméticos hasta por 3 meses. La vida en anaquel de la mayoría de las pastas secas es de un año, aunque se pueden comer después de ese tiempo éstas habrán perdido su sabor. Una vez que haya abierto el paquete ponga lo que no haya usado en una bolsa de plástico con cierre hermético o algún otro recipiente hermético y vuelva a colocarlo en su despensa.

alimentos frescos Almacene en un lugar fresco y oscuro y revise ocasionalmente que no haya brotes ni deterioro. No coloque las papas junto a las cebollas; cuando se colocan una junto a la otra producen gases que aceleran el deterioro.

alimentos enlatados Deseche los alimentos enlatados cuando la lata muestre expansión. También deseche aquellas latas o frascos con tapas de metal que muestren signos de oxidación. Una vez que haya abierto una lata pase el contenido que no haya usado a un recipiente hermético y refrigere.

HIERBAS SECAS Y ESPECIAS

ajo en polvo

canela

comino

chile en polvo

garam masala

granos de pimienta negra

hojuelas de chile rojo

orégano

páprika

pimienta de cayena

pimienta de jamaica

romero

sal

salvia

semillas de ajonjolí

semillas de hinojo

tomillo

SALSAS Y CONDIMENTOS

catsup

mayonesa

mostaza

pesto de albahaca

salsa hoisin

salsa de pescado asiática

salsa de soya

ALIMENTOS FRESCOS

ajo

cebollas amarillas o blancas

chalotes

papas

ALIMENTOS ENLATADOS Y EN FRASCO

aceitunas verdes sin hueso

alcaparras

filetes de anchoa

rijoles cannellini

jitomates deshidratados en aceite

pimientos (capsicums) rojos

asados

melaza

ACEITES Y VINAGRES

aceite de ajonjolí asiático

aceite de canola

aceite de oliva

vinagre balsámico

vinagre de vino tinto

PASTAS Y GRANOS

arroz blanco de grano largo

cuscús instantáneo

polenta instantánea

rigatoni

CERVEZA, VINOS Y LICORES

cerveza lager

jerez

vino blanco

vino tinto

whiskey bourbon

VARIOS

almendras rebanadas (hojuelas)

azúcar mascabada

migas de pan

tortillas de maíz

el refrigerador y congelador

Una vez que haya surtido y organizado su despensa puede usar los mismos lineamientos para ahorrar tiempo en su refrigerador y congelador. El refrigerador es ideal para almacenar carnes, pollo, pescados, mariscos, verduras y sobrantes. Al congelar se mantendrá gran parte del sabor y los nutrientes de algunas frutas y verduras, en la mayoría de las carnes y pollo y ciertos sobrantes. El congelador también es recomendado para almacenar salsas para usos futuros.

consejos generales

- Los alimentos pierden sabor en refrigeración, por lo que es importante una temperatura uniforme menor a 5ºC (40ºF).

- Congele alimentos a -18ºC (0ºF) o más bajo para retener color, textura y sabor.

- No amontone alimentos en el refrigerador o congelador. Debe circular aire libremente para mantener sus alimentos uniformemente fríos.

- Para evitar que los alimentos se quemen en el congelador, use únicamente envolturas a prueba de humedad como el papel aluminio, recipientes herméticos de plástico o bolsas de plástico con cierre hermético.

almacenamiento de sobrantes

- Puede almacenar la mayoría de sus platillos en un recipiente hermético dentro del refrigerador hasta por 3 días o en el congelador hasta por 3 meses.

- Revise el contenido del refrigerador por lo menos una vez a la semana y deseche los alimentos viejos o echados a perder.

- Deje que los alimentos se enfríen antes de meterlos al refrigerador o congelador.

- Pase los alimentos fríos a una bolsa de plástico con cierre hermético o recipiente de vidrio, dejando lugar para que se expandan. O coloque en una bolsa para congelar con cierre hermético, sacando la mayor cantidad de aire que le sea posible antes de cerrarla.

- Si congela sobrantes en pequeñas porciones podrá calentar justo la cantidad suficiente para una o dos personas.

- Descongele los alimentos en el refrigerador o en el microondas. Para evitar contaminación bacterial, nunca los descongele a temperatura ambiente.

almacenamiento de carne, pollo y pescados

▨ La mayoría de pescados y mariscos se deben usar el mismo día de su compra.

▨ No arriesgue su salud ni la de su familia. Use o congele la carne y el pollo fresco máximo 2 días después de haberlo comprado. En el caso de carnes o pollo empacados, verifique muy bien la fecha de caducidad y úselos antes de esa fecha.

▨ Coloque las carnes empacadas sobre un plato en la parte más fría del refrigerador. Si solamente va a utilizar una parte del paquete, entonces es preferible que deseche la envoltura original y vuelva a envolver en una envoltura nueva.

▨ Cuando congele carne, pollo, pescados o mariscos crudos, retíreles sus empaques originales y envuelva en porciones individuales o para dos personas, las cuales se pueden descongelar conforme sea necesario.

almacenamiento de hierbas y verduras

▨ Para almacenar el perejil, corte las bases del manojo, coloquelo en un vaso con agua, cubra las hojas holgadamente con una bolsa de plástico y póngalo en el refrigerador.

▨ Envuelva las demás hierbas frescas en toallas de papel húmedas, coloque en una bolsa de plástico y almacene en el cajón de verduras de su refrigerador. Enjuague y retire los tallos de todas las hierbas antes de usarlas.

▨ Almacene los jitomates y berenjenas (aubergines) a temperatura ambiente.

▨ Corte aproximadamente 12 mm (½ pulg) del tallo de cada espárrago; coloque los espárragos, con la punta hacia arriba, en un vaso con agua fría; refrigere cambiando el agua diariamente. Los espárragos durarán frescos hasta por una semana.

▨ Mantenga los hongos en una bolsa de papel (el papel absorbe el exceso de humedad lo cual puede causar descomposición) en el refrigerador hasta por 4 días.

▨ Enjuague las hortalizas (como la acelga), seque en un secador de ensaladas, envuelva en toallas de papel húmedas y almacene en una bolsa de plástico con cierre hermético dentro del cajón de verduras de su refrigerador hasta por una semana.

▨ Almacene las demás verduras en bolsas con cierre hermético dentro del cajón de verduras de su refrigerador y enjuáguelas antes de usarlas. Los vegetales duros durarán frescos una semana; los más delicados únicamente durarán algunos días.

Índice

DEGUSTIS

Un sello editorial de
Advanced Marketing, S. de R.L. de C.V.
Calzada San Francisco Cuautlalpan No. 102 Bodega "D"
Col. San Francisco Cuautlalpan
Naucalpan de Juárez, Edo. de México, C.P. 53569

WILLIAMS-SONOMA

Fundador y Vice-presidente Chuck Williams

SERIE LA COCINA AL INSTANTE DE WILLIAMS-SONOMA

Ideado y producido por Weldon Owen Inc.
814 Montgomery Street, San Francisco, CA 94133
Teléfono: 415 291 0100   Fax: 415 291 8841

En colaboración con Williams-Sonoma, Inc.
3250 Van Ness Avenue, San Francisco, CA 94109

Fotógrafos Tucker + Hossler
Estilista de Alimentos Kevin Crafts
Asistente de Estilista de Alimentos Alexa Hyman
Escritor del texto Steve Siegelman

Título Original/Original Title: Grilling/Asando

Library of Congresss Cataloging-in- Publication Data.

ISBN 970-718-510-4
ISBN13: 978-970-718-510-4

WELDON OWEN INC.

Presidente Ejecutivo John Owen
Presidente y Jefe de Operaciones Terry Newell
Director de Finanzas Christine E. Munson
Vicepresidente de Ventas Internacionales Stuart Laurence
Director de Creatividad Gaye Allen
Publicista Hannah Rahill
Director de Arte Kyrie Forbes Panton
Editor Senior Kim Goodfriend
Editor Emily Miller
Diseñador y Director de Foto Andrea Stephany
Editor Asociado Lauren Hancock
Editor Asistente Juli Vendzules
Director de Producción Chris Hemesath
Director de Color Teri Bell
Coordinador de Producción y Reimpresión Todd Rechner

UNA PRODUCCIÓN DE WELDON OWEN

Derechos registrados © 2007 por Weldon Owen Inc. y
Williams–Sonoma, Inc.
Derechos reservados, incluyendo el derecho de reproducción total
o parcial en cualquier forma.

Impreso en Formata
Primera impresión en 2006
10 9 8 7 6 5 4 3 2 1
Separaciones en color por Bright Arts Singapore
Impreso por Tien Wah Press

Impreso en Singapur/Printed in Singapore

RECONOCIMIENTOS

Weldon Owen agradece a las siguientes personas por su generosa ayuda para producir este libro: Heather Belt, Ken DellaPenta, Judith Dunham, Marianne Mitten, Sharon Silva y Kate Washington.

UNA NOTA SOBRE PESOS Y MEDIDAS

Todas las recetas incluyen medidas acostumbradas en Estados Unidos y medidas del sistema métrico. Las conversiones métricas se basan en normas desarrolladas para estos libros y han sido aproximadas. El peso real puede variar.